劳动教育"1+H"资源包中高本一体化解决方案新形态教材

总主编 ◎ 周洪宇　副总主编 ◎ 吕景泉

劳动教育"1+H"资源包
（中职版）

U0745579

Laodong Jiaoyu "1+H" Ziyuanbao
（Zhongzhi Ban）

主　编　吴远志（天津职业技术师范大学）
　　　　陈冬新（华中师范大学劳动教育研究中心）
　　　　王　波（深圳市第二职业技术学校）
　　　　黄文胜（重庆工业职业技术学院）

副主编　易贵平（天津职业技术师范大学附属高级技术学校）
　　　　王立伟（天津市劳动保障技师学院）
　　　　杨红梅（天津市电子信息技师学院）
　　　　徐宏伟（天津职业技术师范大学）
　　　　王　睿（深圳市第二职业技术学校）
　　　　袁学兵（重庆市立信职业教育中心）
　　　　聂荣军（南京六合中等专业学校）
　　　　王　宇（长江职业学院）

编　者　（排名不分先后）
　　　　孙仁伟（天津职业技术师范大学附属高级技术学校）
　　　　董学文（天津职业技术师范大学附属高级技术学校）
　　　　张洁萍（天津职业技术师范大学附属高级技术学校）
　　　　郜　鑫（天津职业技术师范大学附属高级技术学校）
　　　　徐　洋（天津职业技术师范大学附属高级技术学校）
　　　　朱静雅（天津职业技术师范大学附属高级技术学校）
　　　　张惠敏（天津市劳动保障技师学院）
　　　　郝　茜（天津市劳动保障技师学院）
　　　　张本蒙（天津市劳动保障技师学院）
　　　　姚乃嘉（天津市劳动保障技师学院）
　　　　张嘉琪（天津市电子信息技师学院）
　　　　张　健（天津市电子信息技师学院）

华中科技大学出版社
http://press.hust.edu.cn
中国·武汉

内 容 提 要

《劳动教育"1＋H"资源包（中职版）》紧扣国家劳动教育政策，立足中职教育特色，打造"认知＋实践＋未来"三维劳动育人体系："认知劳动世界篇"，重点开展劳动教育理论知识及劳动精神、工匠精神、劳模精神等专题教育；"体验劳动实践篇"，将劳动教育和中等职业学校专业实践相结合，创新中等职业学校"劳动＋"专业实践的劳动课模式；"引领未来职业篇"，紧紧围绕新质生产力背景下未来职业的新变化与新素养培养展开。

图书在版编目（CIP）数据

劳动教育："1＋H"资源包：中职版 / 吴远志等主编. -- 武汉：华中科技大学出版社，2025. 1. --（劳动教育"1＋H"资源包中高本一体化解决方案新形态教材 / 周洪宇主编）. -- ISBN 978-7-5772-1660-7

Ⅰ. G40-015

中国国家版本馆 CIP 数据核字第 2025FY1210 号

劳动教育"1＋H"资源包（中职版）　　　　　吴远志　　陈冬新　　王　波　　黄文胜　主编

Laodong Jiaoyu "1＋H" Ziyuanbao（Zhongzhi Ban）

策划编辑：周晓方　徐晓琦　周清涛

执行策划：宋　焱　汪　粲

责任编辑：林珍珍　陈元玉

封面设计：原色设计

责任校对：张汇娟

责任监印：曾　婷

出版发行：华中科技大学出版社（中国·武汉）　　　电话：(027) 81321913

　　　　　武汉市东湖新技术开发区华工科技园　　　邮编：430223

录　　排：华中科技大学出版社美编室

印　　刷：武汉科源印刷设计有限公司

开　　本：889mm×1194mm　1/16

印　　张：10

字　　数：230 千字

版　　次：2025 年 1 月第 1 版第 1 次印刷

定　　价：49.80 元

网络增值服务

使用说明

欢迎使用华中科技大学出版社图书资源网

教师使用流程

① 登录网址：bookcenter.hustp.com（注册时请选择教师用户）

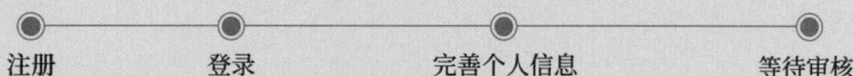

注册 —— 登录 —— 完善个人信息 —— 等待审核

说明：教师注册后可浏览资源、做习题，若要开课，则须完善个人信息，等待审核。

② 审核通过后，您可以在网站使用以下功能：

浏览教学资源　　开设课程　　管理学生/班级　　查询学生学习记录

教师

学生使用流程

PC端操作说明

① 登录网址：bookcenter.hustp.com（注册时请选择学生用户）

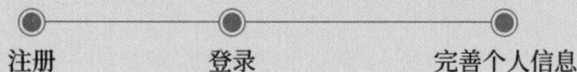

注册 —— 登录 —— 完善个人信息

② 使用数字资源

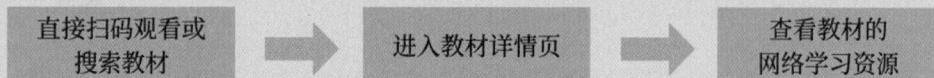

直接扫码观看或搜索教材 ➡ 进入教材详情页 ➡ 查看教材的网络学习资源

注意：
- 公开的网络学习资源可以直接点击观看
- 非公开的网络学习资源，需要在"个人中心—学习码验证"中激活学习码后方可观看

③ 学生加入课程完成学习（如老师不要求进入课程学习可忽略此步）

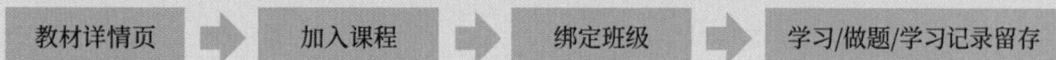

教材详情页 ➡ 加入课程 ➡ 绑定班级 ➡ 学习/做题/学习记录留存

手机端操作说明

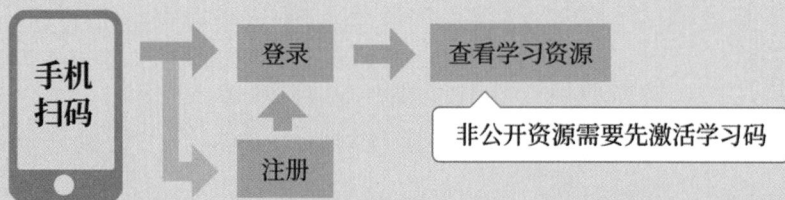

手机扫码 ➡ 登录 ➡ 查看学习资源

注册

非公开资源需要先激活学习码

总主编简介

周洪宇　当代教育名家。第十三届全国人大常委会委员，湖北省人大常委会原副主任。中国教育学会副会长、教育部教育信息化专家组副组长、中国陶行知研究会学术委员会主任，现任华中师范大学国家教育治理研究院院长。全国"生活·实践"教育共同体总负责人，劳动教育力倡者，《中华人民共和国职业教育法》修订倡导者、审议者与推动者。长期致力于教育史学（含陶行知学）、教育理论、教育政策研究与教育实践，先后承担教育部多项重点课题，在《教育研究》《历史研究》等国内外重要学术刊物上发表论文 300 余篇，出版专著 30 余部，研究成果 20 余次获得教育部高等学校人文社会科学研究优秀成果奖、全国教育科学研究优秀成果奖。

副总主编简介

吕景泉　知名职业教育专家。天津职业技术师范大学原副校长，教育部鲁班工坊建设专家委员会主任，鲁班工坊品牌主要创建者，国际化 EPIP 教学模式创立者。牵头成功申报"劳动教育"本科专业，牵头组建天津市大中小学劳动教育联盟、劳动教育教学研究中心和劳动教育培训中心。2014 年牵头获得中国职教领域首个教学成果特等奖；2017 年获得泰国"诗琳通公主奖（职业教育领域）"；2018 年指导国际化专业标准建设的 EPIP 应用成果获国家级教学成果一等奖；2022 年牵头组织的"鲁班工坊创新实践"获得职教领域教学成果特等奖；2024 年获得泰国教育部"EPIP 推广特殊贡献奖"，牵头创立的"鲁班工坊"品牌获得首个世界职教大奖。出版教材 20 部，其中国家级规划教材 8 部；出版专著 20 余部；发表论文百余篇。

本册主编简介

吴远志 天津职业技术师范大学党委办公室（校长办公室）主任。天津职业技术师范大学附属高级技术学校（技师学院）原党委书记，曾担任德育教研室主任，从事德育课程教学18年。主编或参编教材3部。主持或参与完成省部级课题15项，获高等教育天津市级教学成果奖2次。

陈冬新 知名劳动教育专家。华中师范大学劳动教育研究中心主任、研究员，国家中小学（含中职）历史教材重点研究基地培训部主任，中国教育学会学生发展指导分会常务理事，中陶会"生活·实践"教育专委会副理事长，湖北省中小学劳动教育课程资源研发专家组组长。主持省部级课题3项，主编或参编教材8部，发表论文20余篇。

王 波 深圳市第二职业技术学校校长、党委副书记、副研究员。全程参与深圳职业技术学院举办职业本科相关申报工作，牵头组织或参与国家示范校、国家"双高计划"、广东省劳动教育示范基地等职业教育重大项目申报、建设和验收工作。近年来，主持或参与省部级、市级课题10项，发表咨询报告、学术论文10余篇，出版专著3部；获职业教育国家级教学成果一、二等奖各1项，省级职业教育教学成果一等奖2项。

黄文胜 博士、教授，重庆市高层次人才，教育部职业院校文化素质教育教学指导委员会劳动教育专门委员会委员，重庆市高等教育学会智库专家，重庆市教育科学"十四五"规划课题评审专家，省级专业教学团队带头人。重庆工业职业技术学院党委委员、党委宣传部部长、教务处处长、双高办常务副主任。作为项目负责人先后牵头组织了国家示范校、国家优质校、国家"双高计划"等职业教育重大项目的申报、建设和验收工作。荣获国家教学成果二等奖2项、重庆市教学成果一等奖2项，主持省部级课题15项，主编"十四五"职业教育国家规划教材1部，在权威核心期刊上发表学术论文20余篇。

总 序

新时代劳动教育是中国特色社会主义教育制度的重要内容，是高质量人才培养体系的重要组成部分，是大中小学必须开设的课程。2020 年 3 月中共中央、国务院印发的《关于全面加强新时代大中小学劳动教育的意见》及 2020 年 7 月教育部发布的《大中小学劳动教育指导纲要（试行）》都对职业院校开展劳动教育的教育目标、教育内容、实施途径等提出了纲领性要求。目前，教育部基于新版《目录》正启动新一轮职业教育国家专业教学标准体系修（制）订工作，明确要求各研制组按照中高本专业一体化建设思路推动各层次职业教育专业设置、培养目标、课程体系、培养方案衔接，体现现代职业教育体系的重要特征。

但从整体上看，职业院校劳动教育发展并不均衡，且面临诸多共同的困惑，其中最大的困惑在于：职业院校劳动教育如何从形式一体化走向内涵一体化，从整体上建构具有鲜明职教特色的劳动育人模式？正是基于这一问题导向，从中职、高职专科和本科一体化（以下简称中高本一体化）劳动教育课程教材项目整体推进视角，创新教材建设理念与思路，开发"劳动教育'1＋H'资源包中高本一体化解决方案新形态教材"（以下简称"1＋H"资源包项目），势在必行，刻不容缓。

为确保"1＋H"资源包项目开发高质量推进，项目组以科研攻关的精神，注重劳动教育创新实践，组建了以知名教育学家、职教专家为学术领衔，以劳动教育专家、职业教学专家、前沿科技行业专家为实践支撑的项目攻关团队，在开展大量调查研究、梳理大量优质资源的基础上，确定了"1＋H"资源包的研发原则及创新路径。

1. 坚持劳动教育价值观引领原则

"1＋H"资源包项目开发坚持以劳动教育价值观为统领，研制具有鲜明时代特征的中高本一体化新型劳动教育课程教材体系的总原则。

新时代劳动教育具有鲜明的思想性、突出的社会性和显著的实践性。中高本一体化劳动教育的开展，首先要将马克思主义劳动观教育贯彻始终，与社会生活、生产实践紧密结合，面向真实的生活世界和职业世界，引导职业院校学生动手实践，在劳动实践中形成基本劳动能力的同时，培养正确的劳动观念、劳动精神、劳动态度和习惯。其次要体现时代特征，将新技术、新工艺、新规范、新手段融入教材，反映产业升级和科技发展趋势，增强教材的时代性和实用性。

2. 立足新质生产力探索劳动教育

以习近平新时代中国特色社会主义思想为指导，深入领会《教育强国建设规划纲要（2024—2035年）》对职业院校的整体要求，立足新质生产力对高素质劳动者的培养要求，从新理念、新内容、新框架、新实践、新形态等方面探索"1＋H"资源包的创新性编写工作。

一是新理念。

习近平总书记2023年提出的新质生产力，是适合中国式现代化建设的先进生产力，是马克思主义生产力理论中国化、时代化的最新成果。劳动者作为生产力中最活跃、最具创新性的要素，其素质和水平直接决定生产力的能级，发展新质生产力需要集聚高水平创新型人才。新质生产力对职业院校人才培养提出了新要求。对于劳动教育而言，新质生产力既是职业院校劳动教育的重要内涵，也是职业院校劳动实践教学的重要方式。适应新质生产力和教育强国建设要求，职业院校劳动教育势必进入"新劳动教育"阶段：紧扣新质生产力对技术技能人才培养要求，构建中高本一体化劳动教育体系，以撬动职业教育普职融通、产教融合、科教融汇改革，提高中高本一体化劳动教育质量，培养高素质的新技能劳动者。

二是新内容。

《大中小学劳动教育指导纲要（试行）》要求，职业院校劳动教育重点结合专业特点，独立开设劳动教育必修课，主要围绕劳动精神、劳模精神、工匠精神、劳动组织、劳动安全和劳动法规等方面设计，劳动专题教育必修课不少于 16 学时（中职）、32 学时（高职专科及本科），通过劳动教育增强职业荣誉感和责任感，提高职业劳动技能水平，培育积极向上的劳动精神和认真负责的劳动态度。

"1＋H"资源包项目在劳动教育内容上，包含"认知劳动世界篇""体验劳动实践篇""引领未来职业篇"。这三大篇内容，适度超出 16 学时、32 学时安排，力求成为学校与师生开展劳动教育创新实践的方案指南和项目导引。"认知劳动世界篇""引领未来职业篇"以劳动教育专题内容为主，在"体验劳动实践篇"中进行了产教融合的劳动实践探索。特别是在劳动实践部分，紧扣《大中小学劳动教育指导纲要（试行）》规定的日常生活劳动、生产劳动、服务性劳动等三类劳动内容，结合中高本职业学校专业特点，在劳动实践活动设计上，以"劳动＋"专业实践为探索，设计了"日常生活劳动＋""生产劳动＋""服务性劳动＋"三类新劳动实践项目。

三是新框架。

在内容框架设计方面，按照"认知劳动世界篇""体验劳动实践篇""引领未来职业篇"递进式布局，在纵向上一体化贯通中职、高职、职教本科三个学段，在横向上实现劳动教育从理论到实践再到职业规划的整体贯通。"认知劳动世界篇""引领未来职业篇"以劳动理论与劳动知识为主，属于理论部分；"体验劳动实践篇"重点突出劳动实践，强化劳动教育的实践性特征。其中，劳动实践以劳动项目为载体，将三类劳动内容分解成若干模块，方便学校根据专业特点和实际情况进行选择和组合。

四是新实践。

本套教材以劳动教育、职业教育专家领衔，联合行业企业专家、能工巧匠共同参与教材编写，确保教材内容与行业需求紧密对接。

劳动实践项目设计突出"知识""技能""价值观"三维教学目标，将劳动过程实施融入专业技能流程，在专业课实习实训中开展劳动教育，努力实现与新型技能人才培养方向的无缝对接。

五是新形态。

以纸数融合的"1+H"资源包形态呈现，既满足全国各类职业院校劳动教育教学的共同需求，又兼顾不同专业方向的个性化需求。"1"是以通识性为主体的纸质教材，是资源包"H"的总牵引。"H"为教参＋数字化教学素材，包括教学大纲、微课及多媒体教学资源、评价体系、教材培训等教研内容，以及各专业方向、各实践项目的沉浸式呈现及个性化课件。

随着国家对劳动教育的重视程度不断提高，职业院校的劳动教育教材开发将迎来新的发展机遇。相信在各方共同努力下，中高本一体化劳动教育教材将以更加丰富、更加优质的内容，为培养德智体美劳全面发展的社会主义建设者和接班人提供有力支撑。

2025 年 1 月于武汉东湖之滨

前言

根据中共中央、国务院印发的《关于全面加强新时代大中小学劳动教育的意见》及教育部发布的《大中小学劳动教育指导纲要（试行）》有关文化精神，职业学校的劳动教育，主要围绕培养学生自立自强及服务他人、服务社会、报效国家的劳动观念与能力展开。

按照国家劳动教育政策精神，结合中等职业学校专业技能人才培养的教育类型特点，本书编写组确定了中等职业学校劳动教材编写的基本思路：站在劳动育人视角，在系统研究职业学校劳动教育独特优势、基本教学规律及实施路径的基础上，研制中职、高职专科和本科一体化衔接的职业学校劳动教育指导纲要及课程体系；以中高本一体化为统筹指导，开发中等职业学校《劳动教育"1＋H"资源包（中职版）》，着眼于长期化、系统化满足中等职业学校开展劳动教育的教学资源需求。

"1＋H"资源包项目内容包括"认知劳动世界篇""体验劳动实践篇""引领未来职业篇"。"认知劳动世界篇"重点开展劳动教育理论知识及劳动精神、工匠精神、劳模精神等专题教育。"体验劳动实践篇"将劳动教育和职业学校专业实践相结合，创新职业学校"劳动＋"专业实践的劳动课模式。"引领未来职业篇"紧紧围绕新质生产力背景下，未来职业的新变化与新素养培养展开。

  "1＋H"资源包项目围绕以上三篇内容，构建中职劳动教育纸质教材框架结构。其中"认知劳动世界篇""引领未来职业篇"以案例教学为载体，共安排了7个单元，其中"认知劳动世界篇"5个单元、"引领未来职业篇"2个单元。"体验劳动实践篇"以"劳动＋"专业实践典型项目教学为载体，围绕日常生活劳动、生产劳动、服务性劳动及劳动周，安排了多个劳动实践项目。劳动实践项目包含四个基本构件，即教学目标、劳动实践、展示分享与评价、拓展资源。

  "1＋H"资源包项目围绕纸质教材内容，配套研制资源包"H"。资源包围绕满足学校、教师、学生三方面需求展开：为学校研制职业学校劳动教育素养标准、职业学校劳动教育教学纲要、职业学校劳动教育体系构建等系列制度建设文件积累资源；为教师提供多层次多维度的数字教学资源支撑；为学生在教学实践的每个过程以及学习评价等方面提供信息化支持。

  "1＋H"资源包项目以统筹设计劳动课程教材资源建设为抓手，在新质生产力背景下，实现中等职业教育与劳动教育的有机融合，培养以技能报国为己任的高素质劳动者，具有一定的时代意义。

编　者

2024 年 10 月

目 录

体验劳动实践篇

引领未来职业篇

附录

数字资源目录

体验劳动实践篇

引领未来职业篇

附录

认知劳动世界篇

RENZHI LAODONG SHIJIE PIAN

第一单元

劳 动 理 念

主题一　新劳动 新要素

　　劳动是人类所特有的，为了满足自身的物质和精神需要，有目的地调整和控制人与自然界之间的物质交换过程的社会实践活动。劳动有狭义和广义之分。狭义上的劳动主要是指生产和生活中的体力劳动；广义上的劳动除了体力劳动外，还包括脑力劳动、服务性劳动等。

　　马克思认为，劳动和自然界一起构成一切财富的源泉。劳动首先是人与自然之间的交互作用过程，是人以自己的活动引起、调整和控制人与自然之间的物质变换的过程。劳动不仅具有自然属性，还具有社会属性。劳动是人类社会生存与发展的基础，劳动创造了物质财富和精神财富，推动了社会历史的发展。

　　马克思指出，劳动过程的三个基本要素是劳动者、劳动资料和劳动对象，三者共同构成生产力的基础。习近平总书记提出，新质生产力以"劳动者、劳动资料、劳动对象及其优化组合的跃升为基本内涵"，强调通过科技创新推动生产力三要素实现质的跃升。

　　对于劳动者而言，要从体力劳动向智慧型、创新型劳动转变，掌握数字化、智能化技能，成为复合型人才。

　　对于劳动资料而言，要从传统工具向智能化、数字化工具升级，如工业机器人、云计算平台。

　　对于劳动对象而言，要从实体物质向虚拟空间（如元宇宙）、深海、极地等新领域拓展。

案例导入

案例1　中国芯片产业的发展是一个漫长而复杂的过程，可以大致划分为以下几个阶段。

一是改革开放后的探索发展期（1979—1989年）：随着国家改革开放政策的实施，中国芯片产业开始探索市场化的发展道路。这一时期，国内芯片工厂数量迅速增加，但大多数规模较小，技术含量不高。尽管如此，中国在光刻机等关键设备的研发上仍取得了一定的进展。

二是重点建设时期（1990—1999年）：我国政府在这一时期充分认识到芯片产业对国家发展的重要性，启动了一系列重点工程项目，如"908工程"和"909工程"，旨在推动芯片产业的技术进步和工业化生产。然而，由于种种原因，这些工程的实际效果并未完全达到预期。

三是快速发展时期（2000年至今）：进入21世纪以来，中国芯片产业迎来了快速发展的机遇。国家出台多项政策支持芯片产业的发展，包括财税优惠、研发支持等。这一时期，中国芯片产业在设计、制造、封装测试等各个环节均取得了显著进步，涌现出一批具有国际竞争力的企业。

总的来说，中国芯片产业的发展历程充满了挑战和机遇。尽管起步较晚且在发展中遇到诸多困难，但凭借自身的努力和国家政策的支持，我国已经在芯片产业的多个领域取得了重要突破。从航天科技到深潜探索，再到身边的智能应用，芯片深刻影响着我们的日常生活。每一块芯片都是推动社会进步与产业升级的强大心脏。摆脱"卡脖子"，实现自主可控，中国科学家和科技企业走出了一条芯片国产发展之路，开启了信息产业生态建设新征程。

案例2　网络主播是指在互联网节目或活动中，负责参与一系列策划、编辑、录制、制作、观众互动等工作，并由本人担当主持工作的人或职业。我国网络主播主要的工作任务包括以下几个方面：进行网络表演、视听需求分析，协助确定直播或拍摄脚本内容；编写网络表演、视听内容发播稿或直播脚本文案，并进行备稿；设计基于节目定位、直播主题和主播个人特点的出镜、声音、妆造形象；制作传播符合社会主义核心价值观的内容，控制网络表演、交流互动、视听节目等制作进程，引导话题方向和内容；有序组织实施线上互动活动等，管理连麦、弹幕、评论等互动内容，处置同步或异步传播中用户互动突发情况；参与网络表演、视听内容等传播中的数据统计、分析和优化等。

问题思考

问题1 上述案例分享了芯片产业、网络主播等新质生产力相关的职业，除此之外，你还知道哪些新产业或新职业？

问题2 当今社会科技迅猛发展，技术创新日新月异。从海洋到陆地再到天空，甚至是外太空，几乎每个地方能看到科技的身影。那么，我们为什么要尊重科学、思考科学呢？

小组探究

结合网络搜索和小组探讨等形式来了解新质生产力背景下的国家新职业，重点剖析与自己所学专业相关的新型职业，明确就业资格的相关需求，夯实专业知识，提升专业技能。

1. 分小组探讨以下问题

（1）国家新职业都有哪些？它们对专业能力提出了什么要求？

（2）这些新职业对于我们未来就业有哪些启发？

2. 按以下步骤进行探究

步骤1 通过小组分工查找相关资料的形式来了解国家新职业。

步骤2 以"新质生产力我向往"为题开展小组讨论，通过人物事迹分享、大国工匠进校园、主题讲座等多种形式，激发择业"新"动力。

步骤3 教师在课堂上模拟部分新职业的实际情景，丰富学生的学习方式和实践体验，培育和发展与国家新职业相适应的劳动者队伍。

探究结论

1. 国家新职业

从2019年到2022年，人力资源社会保障部已陆续发布了5批共74个新职业。2024年，人力资源和社会保障部会同国家市场监督管理总局、国家统计局，向社会正式发布生物工程技术人员等19个新职业。这次发布的19个新职业中，半数以上与新质生产力密切相关，

"数""智"特色鲜明。如紧跟前沿技术的职业有生成式人工智能系统应用员、智能网联汽车测试员、智能制造系统运维员、工业互联网运维员等；数字经济孕育的全新岗位有网络主播、用户增长运营师等。

绿色是此次所发布的新职业的一大特点。其中不少新职业源于经济转型和绿色低碳发展的新需要，如脱胎于传统产业的氢基直接还原炼铁工、满足新兴产业发展的储能电站运维管理员和电能质量管理员等。

此次发布的新职业也体现了社会发展的新活力。文创产品策划运营师、口腔卫生技师、滑雪巡救员等新职业，生活服务体验员、老年助浴员、休闲露营地管家等新工种，反映了人们生活需求的多元化和新变化。

2. 新劳动新要素的表现形式

数字人微课：
新劳动新要素的
表现形式

（1）新型劳动者：新型劳动者是知识型劳动者，包括掌握新技术的技能人才，拔尖创新人才及具有运筹能力的战略型人才，是创新驱动的核心力量。新型劳动者具备知识快速迭代能力、跨界融合能力、数字化智能化适应能力等关键能力。例如，嵌入式编程、数据分析、机器学习等高级技能是新型劳动者的必备能力。通过运用数据、算力等，新型劳动者可大幅提升劳动效能，例如利用大数据优化交通规划。

（2）新劳动对象：新劳动对象是对物质与数据的双重拓展。新劳动对象突破了传统的物质范畴，具有多样化、虚拟化、数字化等特征。物质资源，特别是新能源（如太阳能、氢能等）和新材料（如碳纳米材料、仿生材料等）的出现，为解决传统资源不可再生、污染严重的问题提供了有效的途径。例如，超级钢、全氟离子膜推动钢铁、石化产业升级。数据作为新型生产要素，具有非竞争性、可复制性，能突破传统要素的稀缺性限制。例如，对交通数据的分析能够提升城市出行效率，可以使用数据孪生技术重构生产流程。科技的不断进步极大地扩展了人类劳动对象的范围，从宏观天体探索到微观基因量子研究，人类劳动对象逐渐覆盖数智化设施、新材料等新兴领域。

（3）新劳动资料：作为智能化与低碳化的技术载体，以人工智能、虚拟现实、自动化设备为代表，形成了更高效、更低碳、更安全的生产工具。智能化工具，如工业机器人、生成式人工智能，不仅解放了大量的人力，还提升了生产精度与效率。数字技术融合，特别是大数据、云计算与硬件的结合，正在催生新产业生态。绿色技术，特别是低碳生产工具，如储能设备，正在成为推动实现可持续发展的重要力量。

3. 建立人工智能安全监管制度的必要性

人工智能是引领这一轮科技革命和产业变革的战略性技术，具有溢出带动性很强的"头雁"效应，对经济发展、社会进步、国际政治经济格局等方面产生了重大而深远的影响。但人工智能的快速发展也潜藏着一定的风险和挑战。一是技术失控与伦理冲击。以大模型和生成式人工智能为代表的通用技术取得突破性进展，可能引发就业结构剧变、法律与社会伦理冲突（如算法歧视）、个人隐私侵犯等问题。例如，自动驾驶系统若存在算法漏洞，则可能导致致命事故；生成式人工智能可能被滥用来制造虚假信息，冲击社会信任。此外，人工智能的"拟人化"特性可能引发伦理危机。例如，机器人伦理边界模糊、自主武器系统失控等。若缺乏有效的监管，人工智能可能成为"新物种"，甚至威胁人类主体地位。二是国家安全与国际关系挑战。人工智能技术可能被用于网络攻击、军事武器开发（如自主杀伤性武器），威胁国际安全。总之，加强人工智能发展的潜在风险研判和防范。确保人工智能的安全、可靠、可控，是我国总体国家安全观中的重要组成部分。

拓展资源

1＋H 资源：
19 个新职业"入编"

主题二　了解新质生产力

习近平总书记于 2023 年 9 月在黑龙江考察期间首次明确提出"新质生产力"这一概念。新质生产力是习近平总书记对马克思主义生产力理论的守正创新。它突破了传统生产力理论对劳动力、资本等要素的依赖，强调科技创新、管理创新和制度创新的核心作用。

新质生产力是由技术革命性突破、生产要素创新性配置、产业深度转型升级催生的当代先进生产力，它以劳动者、劳动资料、劳动对象及其优化组合的跃升为基本内涵，以全要素生产率大幅提升为核心标志。要发展新质生产力，科技创新是核心驱动力。

案例导入

案例 1　光能空调是以空调为能源和信息中心，以清洁化、直流化、信息化为核心，集光伏发电、储能调电、空调节电、智慧管电等于一体的生态系统。这一系统开创性地将空调从用电设备转变为发储用管电一体化智慧能源系统，采用光伏发电，多余电量自动安全存储，能量利用率达到 99％，具有突出的节能降碳经济效益。

案例 2　在重庆奉节，脐橙"飞"起来成为山间一道低空景观。在山形陡峭的种植地，人们采摘脐橙并将其放进竹筐，而后由无人机吊运飞赴山下的接驳点，这一过程比人力扛运的速度快 9 倍，同时也降低了脐橙损耗率。一架无人机每日可以担负 5 吨左右的脐橙运输量，让这些脐橙得以迅速发往全国各地。有速度、有质量的服务背后，是新质生产力对物流行业的赋能。

问题思考

问题 1　结合上述案例，说一说你还知道哪些科技创新赋能产业发展的例子。

问题 2　请结合所学专业知识谈谈你对新质生产力的理解。

小组探究

结合网络搜索和文献阅读增进对新质生产力的了解，探究新质生产力的新内涵。

1. 分小组探究下列问题

（1）与传统生产力相比，新质生产力新在哪里？

（2）新质生产力如何改变传统的劳动？

2. 按以下步骤进行探究

步骤 1　分享案例。介绍自己所见所感的新质生产力应用案例。

步骤 2　总结特点。用关键词概括这些新质生产力所涉及的新兴技术和创新应用。

步骤 3　整理展示。将课前收集的资料和小组交流的内容进行整理，形成一份"新质生产力技术清单"。

探究结论

1. 新质生产力的基本内涵

新质生产力是创新起主导作用，摆脱传统经济增长方式、生产力发展路径，具有高科技、高效能、高质量特征，符合新发展理念的先进生产力质态。它由技术革命性突破、生产要素创新性配置、产业深度转型升级催生，以劳动者、劳动资料、劳动对象及其优化组合的跃升为基本内涵，以全要素生产率大幅提升为核心标志，特点是创新，关键在质优，本质是先进生产力。

2. 新质生产力的主要特征

新质生产力是以科技创新为核心驱动力的先进生产力形态。相较于传统生产力，新质生产力具有以下特征。

（1）要素质态跃升：劳动者为知识型、技能型、创新型劳动者，劳动资料趋向智能化（如人工智能、工业互联网），劳动对象扩展至数据、新材料等非物质形态。

（2）创新主导：通过改变传统要素投入模式，以全要素生产率大幅提升为核心，形成高创新性、绿色化、可持续的发展路径。

（3）要素协同优化：新型劳动者、新劳动资料与劳动对象的高效组合是生产力跃升的关键。例如，数据要素与传统生产要素的融合可放大价值创造效应。

新质生产力的形成依赖于科技创新驱动的要素重组。首先，科技赋能要素配置。新技术（如数字技术、新能源技术）促进劳动力、资本、数据等要素的便捷流动与高效利用，降低了交易成本。再次，生产函数变革。通过提高劳动者素质、改进工具与生产方式，建立新的"生产函数"，实现全要素生产率大幅跃升。例如，新能源汽车产业中三要素的协同推动产业绿色转型。

新型劳动关系是新质生产力的制度保障。要构建新型劳动关系，可以从以下两方面入手。一是规范化与人性化。推动劳动关系从企业组织扩展到职业生态，建立多方协商机制，维护劳动者权益。二是工会角色转变。工会需要组织技能培训，进行权益保障，推动"新标准劳动关系"的构建，以适应技术变革需求。

拓展资源

1＋H 资源：
发展新质生产力如何持续"上新"

第二单元

劳动知识

主题一　劳动法规知多少

《中华人民共和国劳动法》（以下简称《劳动法》）和《中华人民共和国劳动合同法》（以下简称《劳动合同法》）是维护我国劳动者合法权益的基本法律。理解法律在维护劳动者权益和规范用人单位行为中的作用，能够提升我们运用相关法律法规解决实际劳动问题的能力，为未来成为合格的劳动者和公民奠定法律素养基础。

案例导入

案例1　秦简中的《工人程》是中国最早的关于工匠的劳动法规，它为工匠提供了一系列权益保障。比如：规定了工匠的劳动时长，冬季天气寒冷，工匠的劳动量会适当减少，以保证他们的身体健康；工匠若在工作中受伤，可获得医药钱进行治疗；工匠的子女可以继承其技术职称，这为技术的传承提供了保障。这不仅促进了秦国手工业的发展，还对工艺品的制作质量提出了更高要求。秦兵马俑的标准化制作就得益于这一法规的严格执行。

案例2　小赵是建筑工程造价专业的一名实习生，被安排到一家建筑公司实习。由于人手不足，小赵被要求操作起重设备，但他未接受过相关专业培训。在一次操作时，小赵不慎被重物砸伤了脚，造成骨折。工地负责人仅为小赵支付了部分医疗费用，但拒绝赔偿，并表示："你只是一个实习生，又不是我们的正式员工，所以工伤赔偿与你无关。"小赵感到不公，但不知道是否有法律依据来争取更多的赔偿。

问题思考

问题 1 阅读案例 1，你认为《工人程》对工匠权益的保障体现了哪些人性化的管理措施？这种工匠权益保障是否促进了秦国手工业的发展？

问题 2 阅读案例 2，你认为案例中用人单位的行为违反了哪些劳动法规？小赵应该如何运用法律手段维护自身权益？

小组探究

请同学们结合《劳动法》和《劳动合同法》进行小组讨论和探究，了解我国劳动法规的核心内容和意义。

1. 分小组探究下列问题

（1）劳动法规在维护劳动者权益方面起到了什么作用？
（2）《劳动法》与《劳动合同法》的核心内容分别有哪些？

2. 按以下步骤进行探究

步骤 1 复述法律条款。选择三条印象深刻的条款向大家进行复述。
步骤 2 提炼条款要点。提炼上述法律条款的要点，讨论其保护了劳动者哪些方面的权益。
步骤 3 总结展示。将小组讨论内容进行整理，形成思维导图。

探究结论

一、《劳动法》部分核心内容

1. 劳动合同制度

《劳动法》第十六条规定："劳动合同是劳动者与用人单位确立劳动关系、明确双方权利和义务的协议。建立劳动关系应当订立劳动合同。"

2. 工作时间与休息休假

《劳动法》第三十六条规定："国家实行劳动者每日工作时间不超过八小时、平均每周工作时间不超过四十四小时的工时制度。"

《劳动法》第三十八条规定："用人单位应当保证劳动者每周至少休息一日。"

3. 工资报酬

《劳动法》第四十八条规定："国家实行最低工资保障制度。最低工资的具体标准由省、自治区、直辖市人民政府规定，报国务院备案。用人单位支付劳动者的工资不得低于当地最低工资标准。"

4. 社会保险和福利

《劳动法》第七十条规定："国家发展社会保险事业，建立社会保险制度，设立社会保险基金，使劳动者在年老、患病、工伤、失业、生育等情况下获得帮助和补偿。"

二、《劳动合同法》部分核心内容

1. 劳动合同的订立

《劳动合同法》第十条规定："建立劳动关系，应当订立书面劳动合同。已建立劳动关系，未同时订立书面劳动合同的，应当自用工之日起一个月内订立书面劳动合同。用人单位与劳动者在用工前订立劳动合同的，劳动关系自用工之日起建立。"

《劳动合同法》第十九条规定："劳动合同期限三个月以上不满一年的，试用期不得超过一个月；劳动合同期限一年以上不满三年的，试用期不得超过二个月；三年以上固定期限和无固定期限的劳动合同，试用期不得超过六个月。同一用人单位与同一劳动者只能约定一次试用期。以完成一定工作任务为期限的劳动合同或者劳动合同期限不满三个月的，不得约定试用期。试用期包含在劳动合同期限内。劳动合同仅约定试用期的，试用期不成立，该期限为劳动合同期限。"

2. 劳动合同的履行和变更

《劳动合同法》第三十条规定："用人单位应当按照劳动合同约定和国家规定，向劳动者及时足额支付劳动报酬。用人单位拖欠或者未足额支付劳动报酬的，劳动者可以依法向当地人民法院申请支付令，人民法院应当依法发出支付令。"

《劳动合同法》第三十二条规定："劳动者拒绝用人单位管理人员违章指挥、强令冒险作业的，不视为违反劳动合同。劳动者对危害生命安全和身体健康的劳动条件，有权对用人单位提出批评、检举和控告。"

《劳动合同法》第三十五条规定："用人单位与劳动者协商一致，可以变更劳动合同约定的内容。变更劳动合同，应当采用书面形式。"

3. 劳动合同的解除和终止

对于劳动者单方解除劳动合同的情况，《劳动合同法》第三十七条规定："劳动者提前三十日以书面形式通知用人单位，可以解除劳动合同。劳动者在试用期内提前三日通知用人单位，可以解除劳动合同。"

用人单位单方解除劳动合同可以分为过失性解除和非过失性解除两种情况。

对于过失性解除，《劳动合同法》第三十九条规定："劳动者有下列情形之一的，用人单位可以解除劳动合同：（一）在试用期间被证明不符合录用条件的；（二）严重违反用人单位的规章制度的；（三）严重失职，营私舞弊，给用人单位造成重大损害的；（四）劳动者同时与其他用人单位建立劳动关系，对完成本单位的工作任务造成严重影响，或者经用人单位提出，拒不改正的；（五）因本法第二十六条第一款第一项规定的情形致使劳动合同无效的；（六）被依法追究刑事责任的。"

对于非过失性解除，《劳动合同法》第四十条规定："有下列情形之一的，用人单位提前三十日以书面形式通知劳动者本人或者额外支付劳动者一个月工资后，可以解除劳动合同：（一）劳动者患病或者非因工负伤，在规定的医疗期满后不能从事原工作，也不能从事由用人单位另行安排的工作的；（二）劳动者不能胜任工作，经过培训或者调整工作岗位，仍不能胜任工作的；（三）劳动合同订立时所依据的客观情况发生重大变化，致使劳动合同无法履行，经用人单位与劳动者协商，未能就变更劳动合同内容达成协议的。"

拓展资源

1＋H 资源： 《中华人民共和国劳动法》	1＋H 资源： 与特定群体劳动者权益保障相关的条款

主题二 劳动安全很重要

劳动安全是保障劳动者身体健康和企业稳定发展的基石。在各类劳动场景中，安全隐患无处不在。深刻认识劳动安全的重要性，掌握必备的安全知识和技能，对于保护劳动者人身安全和身心健康具有重要意义。本项目旨在通过相关实践内容，帮助中职生熟悉正确佩戴和使用安全防护用品的技能；通过实际操作和应急演练，提升中职生对突发事件的应急处理能力。

案例导入

案例1　由于技术条件有限，古代矿工面临的风险极高，包括塌方、瓦斯爆炸、缺氧、工具伤害等。出现了一些保障矿工劳动安全的制度或措施：古代一些政权会设立专门的官员或机构管理矿山，确保开采有序进行，减少事故发生的可能性；古代有一定的矿山管理制度，汉代设立了铁官，负责管理铁矿开采和冶炼；进行了技术改进，采用了支护技术、通风技术和排水技术等。此外，也有一定的法律规范，一些朝代通过法律或政令对矿山开采进行规范，间接保障矿工的安全。明代《大明律》就涉及对矿山开采进行规范的内容，例如禁止私采、限制开采深度等，这些规定在一定程度上降低了矿工的风险。

案例2　2023年5月，某市一家化工企业因未按规定为员工提供必要的防护设备和健康监护，导致多名员工出现不同程度的职业病症状，引发社会广泛关注。2023年3月以来，该企业多名员工陆续出现头晕、恶心、皮肤过敏等症状，经医院诊断为职业性中毒和职业性皮肤病。事件曝光后，当地相关部门介入调查，发现该企业存在严重的职业卫生管理漏洞，未履行职业病防治主体责任。之后，该涉事企业被责令停产整顿，并面临高额罚款。企业负责人也被依法追究责任。同时，相关部门对全市化工企业开展职业卫生专项检查，严防类似事件再次发生。该案例暴露出部分化工企业漠视员工健康，违法违规操作的问题。企业应严格遵守职业病防治法律法规，为员工提供安全健康的工作环境，切实保障员工合法权益。同时，员工也应提高自我保护意识，积极维护自身健康权益。

问题思考

问题1　阅读案例1，思考为什么古代就针对矿工安全采取了一定的措施。

问题2　阅读案例2，思考安全事故会造成哪些严重影响，如果身边发生类似安全事故，我们应如何在第一时间进行救助和处理。

小组探究

我国不断地推进劳动安全法规和完善企业安全规章制度，每一项劳动安全制度的出台，都是对劳动者生命安全的坚实保障。请同学们查找相关资料，梳理总结劳动安全内涵及劳动安全常识，并在小组内进行交流与探讨。

1. 分小组探究下列问题

（1）常见的劳动安全隐患有哪些？

（2）我们在日常生活和工作中需要了解哪些安全常识？

2. 按以下步骤进行探究

步骤 1　交流案例。与小组成员交流你所熟知的劳动安全实际案例。

步骤 2　总结经验。用关键词概括从这些案例中获得的经验。

步骤 3　整理展示。将课前收集的资料和小组交流的内容进行整理，选择某一劳动领域，提交该领域的劳动安全注意事项。

探究结论

一、劳动安全的概念

　　劳动安全是指在各类生产和服务活动中，通过科学的管理方法和有效的预防措施，保障劳动者在工作过程中免受物理、化学、生物及心理等方面的危害，确保其生命安全和身体健康。劳动安全不仅包括对工作环境的安全管理，如设备设施的维护、操作规程的制定与执行，还涉及劳动者的心理健康和职业卫生。劳动安全的核心在于"预防为主"，通过系统化管理手段，识别和控制潜在的危险源，降低事故发生的概率，保障劳动者的合法权益和企业的可持续发展。

1+H 资源：
劳动安全事故
警示材料

二、劳动安全常识

1. 个人防护装备的使用

　　个人防护装备（personal protective equipment，以下简称 PPE）是劳动安全管理的重要组成部分，旨在保护劳动者在工作过程中免受各种潜在危害的侵害。PPE 包括安全帽、护目镜、防护手套、防护鞋、防护服、耳罩、防尘口罩等（见图 2-2-1）。劳动者要根据不同的工作环境和作业需求选择合适的防护装备。正确使用 PPE 不仅能够有效保护劳动者的身体，减少职业伤害的发生，还能够有效提升劳动者的安全意识和自我保护能力。

2. 常见劳动安全标志的识别

　　劳动安全标志是劳动安全管理中用于提示、警告和指示劳动者的符号与标识，具有重要的指导和警示作用。常见的劳动安全标志包括警告标志、禁止标志、强制性标志、指示标志和紧急疏散标志等（见图 2-2-2）。警告标志用于提示潜在的危险，如高温、易燃、毒害

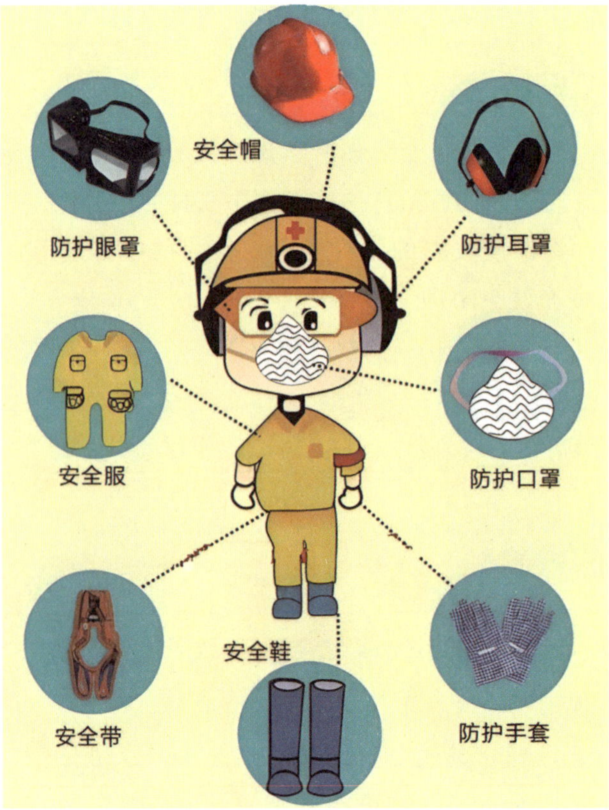

图 2-2-1　个人防护装备

等；禁止标志用于禁止某些危险行为的发生，如禁止吸烟、禁止攀爬等；强制性标志用于指示必须遵守的安全规定，如必须佩戴安全帽、必须使用防护手套等；指示标志用于指示安全通道、紧急出口、急救设施等的位置；紧急疏散标志用于指示紧急情况下的疏散路线和集合地点。劳动者应熟悉和掌握各种安全标志的含义，能够在工作中正确识别和遵守相应的安全指示，确保自身和他人的安全。

图 2-2-2　常见的安全标志

3. 基本急救知识和技能的掌握

基本急救知识和技能是劳动安全管理中不可或缺的部分，其可以提高劳动者在紧急情况下的应急处理能力，减少事故造成的伤害和损失。

基本急救知识主要包括：认识常见的急救器材和设备，如急救箱、止血带、绷带、担架等，了解其用途和使用方法；了解基本的急救步骤，如先判断意识和呼吸、保持呼吸道通畅、进行心肺复苏（CPR），再处理出血和创伤等。

基本急救技能主要包括：心肺复苏术、人工呼吸、止血包扎、固定骨折、处理烧伤等。

劳动者应接受系统的急救培训，掌握必要的急救知识和技能，这样才能在事故发生时迅速、正确地进行应急处理，保障自身和他人的生命安全。企业应定期组织急救演练，提高劳动者的急救反应能力和团队协作能力，确保在紧急情况下能够高效、有序地开展救援工作。心肺复苏演练和包扎止血演练分别如图 2-2-3 和图 2-2-4 所示。

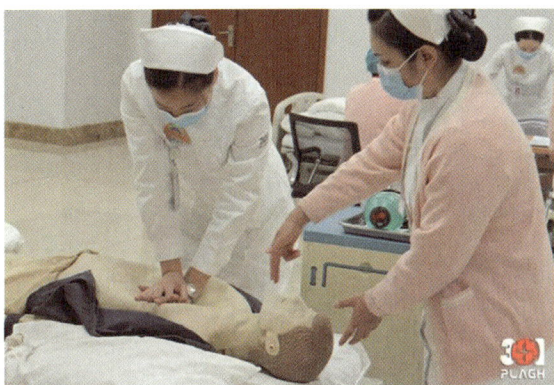

图 2-2-3　心肺复苏演练

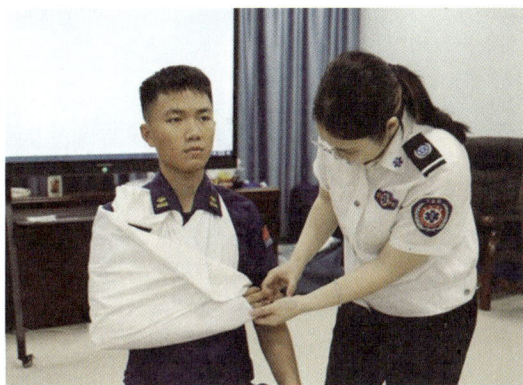

图 2-2-4　包扎止血演练

拓展资源

1＋H 资源：
心肺复苏操作步骤

1＋H 资源：
心肺复苏的三大核心环节

1＋H 资源：
胸外按压练习

第三单元

劳 动 精 神

主题一　劳动精神我总结

　　劳动精神是中华民族创造美好生活的不竭动力与精神基石，也是新时代劳动者的价值追求。崇尚劳动、热爱劳动、辛勤劳动、诚实劳动的劳动精神，是从千千万万劳动者身上提炼出来的精神气质，也是劳动者劳动意识、劳动理念、劳动态度、劳动习惯的集中体现。广大中职生要深入学习劳动精神，树立正确的劳动价值观，提升职业素养和就业竞争力，为未来的职业生涯奠定坚实的基础，努力成为勇挑重担、堪当大任的新时代青年。

案例导入

　　案例1　传说帝尧时期，中原地区洪水泛滥成灾，百姓深受其苦。帝尧命禹的父亲鲧去治理洪水。鲧率众筑坝修堰，费了九年功夫，但也没把大水制服。舜继帝位后，便命鲧的儿子禹继续治理洪水。禹欣然领命，但他没有贸然行事，而是首先认真总结父亲鲧治水的教训，寻找治水失败的原因，然后率领伯益、后稷等一批忠实的助手，跋山涉水，顶风冒雨到洪灾严重地区进行勘察，了解各地山川地貌，摸清洪水流向和走势，制定统一的治水规划。他根据水流规律因势利导，大胆改用疏导和堰塞相结合的新办法。历时十三年之久，禹最后终于把洪渊填平，河道疏通，使水由地中行，经湖泊河流汇入海洋，有效制服了洪水。

案例2　袁隆平自幼便对大自然充满了好奇与热爱。这份好奇与热爱如同种子般深植于心，最终生根发芽，引领他走上农学研究的道路。在那个物资匮乏、饥饿肆虐的年代，他目睹了无数百姓因粮食短缺而饱受煎熬，便立下宏愿——要从根源上解决中国人的吃饭问题。这份沉甸甸的责任感，成为他一生奋斗的动力源泉。袁隆平数十年如一日，与稻田为伴，与泥土为友，无数次试验，无数次失败，但他从未放弃。终于，在他的带领下，杂交水稻研究取得了突破性进展，为解决中国人民的粮食问题乃至世界粮食安全问题做出了巨大的贡献。

问题思考

问题1　阅读案例1，你还知道哪些与劳动有关的历史典故？请与同学们分享，并说明这些历史典故是如何体现劳动精神的。

问题2　阅读案例2，你认为袁隆平身上具有哪些劳动精神？请列举其他领域的劳动楷模，并结合他们的事迹谈谈你从中汲取了哪些精神力量。

小组探究

劳动精神是中华优秀传统文化的延续传承，自古以来就流淌在中华民族的血脉之中。在实现中华民族伟大复兴的征程中，一群群劳动人民在各自的岗位上埋头苦干、拼搏付出，他们身上体现的劳动精神历久弥新。请选择一位劳动楷模，查找相关资料，梳理并总结其在自己领域所做出的贡献，在小组内交流，探讨劳动精神的内涵。

1＋H资源：
中华民族的劳动精神

1. 分小组探究下列问题

（1）这些劳动模范身上体现出了怎样的劳动精神？

（2）进入新时代，劳动精神具有怎样的时代价值？

2. 按以下步骤进行探究

步骤1　复述事迹。梳理并总结劳动模范在自己的领域所做出的贡献。

步骤2　撰写颁奖词。概括这些劳动模范的贡献和精神品质。

步骤3　整理展示。将课前收集的资料和小组交流的内容进行整理（如表3-1-1所示），分享颁奖词，并提出自己对劳动精神内涵的理解。

表 3-1-1　整理展示

劳模姓名	所做贡献（荣誉）	颁奖词	劳动精神体会

探究结论

1. 劳动精神内涵之崇尚劳动

崇尚劳动就是提倡劳动、尊重劳动。劳动是人类最美好、最崇高的存在，无论是率领钻井队以"宁肯少活二十年，拼命也要拿下大油田"的意志和干劲，创造了年进尺 10 万米世界钻井纪录的"铁人"王进喜，还是立足于本职工作，多次带领团队刷新世界集装箱装卸纪录的"金牌工人"许振超，都是自我人生航船的引帆人，是以劳动铸就时代辉煌的践行人。崇尚劳动，就要树立正确的劳动观念，保持积极的劳动态度，培育优良的劳动品质，养成良好的劳动习惯，通过劳动实现自我价值与社会价值的统一。

2. 劳动精神内涵之热爱劳动

热爱劳动就是对劳动充满热情，主动、积极地参加劳动。劳动不仅为我们实现幸福生活提供了物质条件，更重要的是能够促使我们树立远大理想、提升综合能力、形成健全的人格。16 岁开始学砌墙的邹彬勇夺第 43 届世界技能大赛砌筑项目优胜奖，实现了我国砌筑项目奖牌"从无到有"的突破。"海岛"电工赵儒新三十多年如一日，为服务 12 座小岛上237 户居民的生活用电需要全天候"待命"。他们干一行，爱一行，钻一行。我们应对劳动心怀热忱，让劳动成为我们人生的支点，用劳动和创造托起中国梦。

3. 劳动精神内涵之辛勤劳动

正所谓"人生在勤，勤则不匮"，辛勤劳动是诚实劳动、创造性劳动的基本前提。试想，如果没有设计师孟凡超的实地勘探、日夜探索，何来闻名于世的目前世界规模最大、建造技术顶尖的跨海港珠澳大桥的诞生？就像发明家爱迪生所说的，世界上没有一种具有真正价值的东西，可以不经过艰苦辛勤的劳动而得到。辛勤劳动强调"勤"。回溯历史可以发现，美好的未来是人民用艰苦奋斗、辛勤劳动创造出来的。立足新时代，面对新挑战，我们更需要保持苦干笃行、愈挫愈勇的劳动精神。

4. 劳动精神内涵之诚实劳动

诚实劳动是辛勤劳动的延伸和表现，是创造性劳动的重要前提。诚实劳动是指在劳动过程中脚踏实地，恪尽职守，遵守法律法规，不窃取他人的劳动成果。比如：在工厂车间，就要弘扬"工匠精神"，精心打磨每一个零部件，生产优质产品；在田间地头，就要精心耕作，努力获得丰收；在商场店铺，就要笑迎天下客，童叟无欺，提供优质的服务。总之，我们应立足自身岗位，踏实劳动，实事求是地获得劳动成果，摒弃虚假之风，反对一切不劳而获和投机取巧思想，依靠诚实劳动实现人生梦想。

拓展资源

1＋H 资源：
高级钟表维修技师：为航天表
"点油"，以匠心智造机心

1＋H 资源：
耕织再生未来，
破译生命密码

1＋H 资源：
钳工高级技师：精细中厘定
基底，花火间铸就荣光

主题二　劳动精神我体悟

我们的国家，从历史上的艰苦奋斗，到如今的繁荣富强，无不凝聚着劳动者的智慧与汗水。他们身上凝聚的劳动精神以爱岗敬业、勤奋务实为固有本色，以诚实守信、艰苦奋斗为鲜明特色，以敢于挑战、勇于创新为时代亮色，体现出劳动最光荣、劳动最崇高、劳动最伟大、劳动最美丽的价值指向。通过接受劳动教育，中职生能够正确认识劳动，理解劳动的价值和意义，体悟劳动精神，树立正确的劳动观，将劳动内化为自己的行为习惯，自觉进行劳动实践，进而成长为德智体美劳全面发展的社会主义建设者和接班人。

案例导入

案例 1　小明是某中职学校的学生，平时学习成绩中等，性格内向，不太喜欢参与集体活动。最近，学校组织了一次为期一周的社会实践活动，要求每位学生参与社区服务，并撰写实践报告。然而，小明对这次活动表现得非常消极。在活动开始前，小明就对同学抱怨说："这种活动根本没用，纯粹是浪费时间。"到了社区服务现场，他总是找借口偷懒，要么躲在角落里玩手机，要么假装身体不适，逃避劳动任务。在小组分工时，小明被分配到了清理社区花园的任务，但他只是随便捡了几片树叶，然后就坐在长椅上发呆。同组的同学提醒他认真一点，他却反驳道："反正也没人检查，随便做做就行了。"小明的消极态度不仅影响了小组的整体进度，还让老师和同学对他产生了负面印象。最终，他的实践报告被退回重写，还被要求额外参加一次社区服务活动。

案例2　小杨在6岁时因触电事故失去了双臂。面对突如其来的打击，她没有自暴自弃，而是选择勇敢面对。在家人的支持下，她开始学习用脚代替双手完成日常生活中的各种事情，从吃饭、穿衣到写字、画画，她一点点克服了常人难以想象的困难。小杨从小热爱学习，她用脚写字的速度和工整程度甚至超过了许多用手写字的同学。凭借顽强的毅力，她顺利完成了学业，并考入了大学。在大学期间，她不仅成绩优异，还积极参加各种公益活动，用自己的经历鼓励他人。小杨喜欢用社交媒体分享自己的生活，她的笑容和积极态度感染了无数人。她还学会了用脚弹钢琴，并在一次公益演出中演奏，感动了全场观众。她说："虽然我没有双手，但我依然可以用脚创造属于自己的精彩人生。"

问题思考

问题1　阅读案例1，找出其中消极的劳动观，并思考这些消极的劳动观会产生哪些影响。

问题2　阅读案例2，找出其中积极的劳动观，并思考这些积极的劳动观会产生哪些影响。

小组探究

随着科技的创新和人工智能的发展，一些人不尊重劳动，不理解劳动，不愿意劳动，总是用各种理由和借口否认劳动的价值。请同学们根据上述案例和社会现状，以"人工智能时代，劳动真的过时了吗"为题组织一场辩论赛，每组4人参与辩论，组内其他同学帮助收集辩论材料，最终总结出对劳动精神的正确认识和体悟。

步骤1　按辩题分组。正方辩题为"人工智能时代，劳动不过时"。反方辩题为"人工智能时代，劳动过时了"。

步骤2　按照开场陈词、轮流攻辩、自由辩论、总结陈词的流程开展辩论。

步骤3　将辩论赛正方和反方的主要观点罗列在表3-2-1所示的表中。

表3-2-1　罗列观点

辩论对象	论点	论据	论证	劳动精神感悟
正方				
反方				

探究结论

1. 树立新时代劳动实践观

世间没有哪一种美好生活是能够不经过辛勤劳动就获得的。从刀耕火种的原始农业时代到现在的信息化时代,劳动创造美好生活的实质从未改变,改变的只是劳动的形式。新时代是奋斗者的时代,我们要为幸福而奋斗,在奋斗中谋幸福。

(1)新时代的劳动价值观。我们要积极响应习近平总书记的号召,大力弘扬劳模精神、劳动精神和工匠精神,如此能够为党和国家事业发展汇聚强大的动力,为实现中国梦提供"崇尚劳动"的价值引领。

(2)新时代的劳动发展观。劳动是推动人类社会进步的根本力量,崇尚劳动光荣是社会主义的本质特征之一。习近平总书记指出,劳动创造了中华民族,造就了中华民族的辉煌历史,也必将创造出中华民族的光明未来,这进一步强调了劳动的历史价值和重要意义,丰富和完善了马克思主义劳动观。

(3)新时代的劳动实践观。从马克思主义劳动价值观提出的"劳动是人类社会存在和发展的基础"到习近平总书记的"劳动开创未来",都揭示了劳动与社会发展的本质联系。实现中华民族伟大复兴是近代以来中华民族最伟大的梦想,而劳动则是实现中华民族伟大复兴的根本路径。中职生要弘扬崇尚劳动、热爱劳动、辛勤劳动的劳动精神。

2. 劳动精神体悟之践行新时代劳动观

(1)尊重劳动人民。劳动人民是历史的创造者,是社会主义建设的主力军,是他们通过劳动创造了财富,推动了历史的发展。我们应牢固树立尊重劳动人民的理念,加深对劳动人民的理解,培养与劳动人民的亲密感情。

(2)珍惜劳动成果。珍惜劳动成果,是我国劳动人民的传统美德。所谓"珍惜",就是将有益于人民、有益于社会的劳动成果当成珍宝一样爱护。对劳动成果珍惜意识的培养,主要从保管、使用和爱护公共财物,保持好清洁卫生等方面着手,注意勤俭节俭,严禁铺张浪费。

第四单元

工 匠 精 神

主题一　工匠精神我提炼

中国对工匠的记载可以追溯到春秋战国时期。在我国的工艺文化历史上，出现了鲁班、李春、李冰、沈括等世界级工匠大师，以及在各种工艺领域手艺出神入化的行业工匠。进入现代工业社会，从"嫦娥"奔月到"祝融"探火、从"北斗"组网到"奋斗者"深潜、从港珠澳大桥"飞架三地"到北京大兴国际机场"凤凰展翅"……这些科技成就、大国重器、超级工程的背后，刻印着无数大国工匠一丝不苟、追求卓越的身影。作为当代中职生，要把工匠精神融入职业能力和职业精神培养全过程，树立以辛勤劳动为荣、以好逸恶劳为耻的劳动观，努力成长为具有专业技能与工匠精神的高素质劳动者。

案例导入

案例1　江西省万年县的仙人洞遗址是新石器时代的洞穴遗址。20世纪60年代初期，考古人员对仙人洞遗址进行了大规模的考古发掘工作，出土了大量陶器、石器、骨器、蚌器等人工制品和动物骨骼。经过研究人员的调查和测定，将最早出现陶器的时间确定为2万年到1.9万年前。仙人洞遗址陶器的制造者，就是我国迄今为止所发现的、人类发展史上最早的工匠——我们可以把他们称为"陶工"。虽然我们无从知晓他们的名字，但他们留下的技艺被后人传承、发展，乃至到了工业极其发达的今天，陶器依然是我们的日常用品。

案例2 有着"中国天眼"之称的国家重大科技基础设施——500 米口径球面射电望远镜（FAST），是目前全世界最大的单口径望远镜，也是目前全球最大、最灵敏的射电望远镜。这项工程最早是在 20 世纪 90 年代由老一代天文学家提出的，1994 年"中国天眼"启动选址工作，2007 年立项，2011 年开工建设，2016 年落成，2021 年 3 月面向全球开放。"中国天眼"的建设开创了建造巨型望远镜的新模式，这座反射面相当于 30 个足球场的射电望远镜，灵敏度达到世界第二大望远镜的 2.5 倍以上，极大地拓展了人类观察宇宙视野的极限。

问题思考

问题1 阅读案例1，你还知道哪些与工匠有关的故事和古代名器？你所知的古代名器是由哪位工匠铸造的？

问题2 阅读案例2，思考"中国天眼"的建造奇迹是如何体现工匠精神的，并列举三个我国近年来在不同领域创造的奇迹。

小组探究

我国在许多领域都有举世瞩目的国家工程，每项工程背后都凝聚着众多工匠的智慧与汗水，请同学们结合数字资源中的现代大国工程拓展材料，选择其中一项工程，查找相关资料，梳理并总结工匠们在此项工程中的贡献，在小组内进行交流，探讨工匠精神的内涵。

1＋H 资源：
港珠澳大桥

1＋H 资源：
白鹤滩机组

1. 分小组探究下列问题

（1）这些器物的制作者是如何实现自身价值的？

（2）进入人工智能时代，工匠精神过时了吗？

2. 按以下步骤进行探究

步骤1 复述事迹。复述自己最喜欢的一些工匠的典型事迹。

步骤2 总结贡献。用关键词概括这些工匠在工程建设中的贡献。

步骤3 整理展示。将课前收集的资料和小组交流的内容进行整理，提出自己对工匠精神内涵的理解，形成一份"工匠名录"（如表4-1-1所示）。

表4-1-1 "工匠名录"模版

姓名	工程名称	所处岗位	所做贡献（荣誉）	精神内涵

探究结论

1. 工匠精神内涵之执着追求、择一事终一生

1＋H资源：
特变电工技术员张国云

执着专注，是心无旁骛，是矢志不渝的热爱。择一事终一生，坚定的理想信念，是工匠精神的核心。热爱是劳动的动力源泉，因为热爱，才能把一件事做到极致。因为热爱，被誉为"火药雕刻师"的航天人徐立平专注雕刻火药30余年，仅凭手感就能将药面整形误差从0.5毫米降低到0.2毫米；因为热爱，潜心钻研数控加工20年的秦世俊对飞机零部件进行0.01毫米的较量，誓让中国制造更有话语权。他们执着于自己选择的事业，专注于自己投身的领域，自觉提高业务水平，始终努力向前，一生敬业奉献、永不言弃。弘扬工匠精神，就要立足本职工作，爱岗敬业，以敬畏之心对待工作，尽心竭力练就专业能力和专业素养。

2. 工匠精神内涵之精益求精、干一行钻一行

1＋H资源：
航空工业首席技能专家王刚

精益求精，是高标准严要求，是好了还要更好，要求干一行钻一行。术业有专攻、精益求精是对品质的追求，有可能是我们看得到的精雕细琢、巧夺天工，也有可能是我们看不到的精密精准、于毫厘间的精准。认真，才能做得更好；高标准，方能成为行业领域专家；深入钻研，才能不断提高技术技能水平。

3. 工匠精神内涵之一丝不苟、偏毫厘不敢安

1＋H资源：
郑丽香，在数据联结中
成就"国之重器"

一丝不苟，是严谨认真，是追求细节完美。正所谓"失之毫厘，谬以千里"，优秀的工匠偏毫厘不敢安。做好一件事，必须从细节入手，从小事开始，在每个细节上下足功夫。古人有云："天下难事，必作于易；天下大事，必作于细。"优秀的工匠能由小见大，认真对待每一处细节。坚持细致工作，从细节入手，才能汇涓涓细流成江海。

4. 工匠精神内涵之追求卓越、千万锤成一器

追求卓越，是不断进取，是敢于开拓创新。千万锤成一器，是在工作中追求完美、追求卓越，以创新求突破。广大劳动者要有强烈的创新意识，不断培育创新能力，超越自我、勇攀行业顶峰，这是工匠精神的必然要求。新时代我们要实现高质量发展，离不开勇于创新、追求卓越的干劲，离不开顽强拼搏、锐意进取的时代精神。

1＋H 资源：
彭菲，向算法极限
不断发起挑战

🔥 拓展资源

1＋H 资源：
工匠之名 器物之魂

1＋H 资源：
工匠精神技艺道

主题二　工匠精神我传承

大国工匠是中华民族大厦的基石，在长期实践中形成的"执着专注、精益求精、一丝不苟、追求卓越"的工匠精神，是以爱国主义为核心的民族精神和以改革创新为核心的时代精神的生动体现，是中国共产党人精神谱系的重要组成部分，是鼓舞全党全国各族人民风雨无阻、勇敢前进的精神动力。培育和传承工匠精神是一项系统工程，我们要引导学生明确职业发展方向，热爱所学专业，培养正确的职业意识，促进职业发展；带领学生在实践中做到对细节的追求，激发学生精益求精、追求卓越的价值追求，培养学生的创新思维和探索精神，在创新中继承和发扬工匠精神。

🔥 案例导入

案例 1　张文年是国家级非物质文化遗产代表性项目宣笔制作技艺国家级代表性传承

人。高中毕业后，张文年就随父学习传统制笔技艺。他不仅继承了传统水盆制作工艺，而且独创了皮毛脱脂技法，解决了宣笔传统制作工艺面临的千年难题。凭借精益求精的工匠精神，张文年制作的宣笔多次在大展中获奖。2023年，他通过文字档案、视频记录等方式将宣笔制作的核心技艺与制作过程永久保存下来，为宣笔制作技艺的传承与发展做出了重要的贡献。

案例2 2016年，某市一座桥梁正在进行桥面铺设作业。突然，一声巨响，桥墩发生倾斜，随后整个桥面坍塌，正在桥上作业的工人和机械设备瞬间被掩埋在废墟中。事故造成多人死亡，数十人受伤，直接经济损失达数亿元。事故发生后，相关部门立即成立调查组，对事故原因展开调查。调查组发现，事故的直接原因是桥墩钢筋绑扎不牢固，导致承重能力不足。而更深层次的原因，则是施工过程中工匠精神的缺失。从施工人员到监理单位，再到施工单位，每一个环节的疏忽和懈怠，都为事故的发生埋下了伏笔。事故发生后，该市相关部门深刻反思，吸取教训，采取了一系列措施加强建筑行业安全监管，包括：加强施工人员培训，提高安全意识和操作技能；完善安全生产管理制度，严格落实安全生产责任制；加强对施工过程的监督检查，严厉打击违法违规行为；建立健全建筑行业诚信体系，对失信企业进行联合惩戒。

问题思考

问题1 阅读案例1，想一想，你学习或接触过哪些传统技艺？哪位工匠给你留下最深的触动？

问题2 阅读案例2，说说你从中受到了什么启发？

小组探究

弘扬和践行工匠精神是职业院校学生成长和发展的重要途径。正确的价值观、勤奋学习、注重细节、勇于创新、传承工匠精神并奉献社会，是学生践行工匠精神、实现自己的人生价值和社会价值的重要途径。作为中职生，要在实践中感受精益求精的价值追求，增强对中华优秀传统文化的自豪感与认同感，培养文化自信。

1. 按以下步骤进行探究

（1）准备材料和分组。借助"1+H资源"介绍的燕尾榫相关知识，准备制作简易燕尾榫所需的工具和材料，如泡沫、手套、刀具等。自主进行小组成员角色分工，如小组长、设计师、制作师、测试员等。

（2）设计燕尾榫图纸。根据小组讨论的结果和现有的材料，使用绘图工具（如铅笔、尺子、纸张等）绘制燕尾榫的设计图。要求设计图包括整体结构、榫高、榫头的数量等。

1＋H 资源：
手工燕尾榫教学（上）

1＋H 资源：
手工燕尾榫教学（下）

步骤 1 使用铅笔和纸张绘制草图。

步骤 2 使用尺子和铅笔细化设计图，确保比例准确、部件清晰。

步骤 3 小组成员讨论并修改草图，综合不同意见，直至达成共识。

（3）制作榫头和榫槽。根据设计图纸，用铅笔在泡沫板上画出线条，使用工具进行切割。

步骤 1 在泡沫板上画线。

步骤 2 使用工具切割。

（4）榫卯修整试拼。对照图纸检查切割完成的泡沫板尺寸，调整尺寸，尝试拼装组合。

（5）作品呈现。以小组为单位展示简易燕尾榫，并分析设计思路、制作过程，分享制作过程中遇到的问题，以及在制作过程中所体悟到的工匠精神。

2. 分小组探究下列任务

（1）"话剧颂匠心"。以小组为单位，围绕本专业相关或组员感兴趣的大国工匠的匠心故事，排演讲述匠心传承内容的话剧。

任务要求如下：① 剧本基于真实的大国工匠事迹和真实的技艺传承事迹；② 剧本能够体现执着专注、精益求精、一丝不苟、追求卓越的工匠精神；③ 表演生动，富有感染力，能够使人从中感受到匠心传承的意义和力量。

（2）规划职业生涯。结合自身专业特点和未来的职业设想，以"执规划之笔，做未来工匠"为主题，在小组内开展主题讨论。明确分工，立足自身专业发掘自身潜力，树立职业理想，尽心竭力练就专业能力和专业素养，培育和弘扬工匠精神，撰写职业生涯规划。

探究结论

1. 工匠精神对于提高中职学生职业素养具有举足轻重的意义

时代发展，需要大国工匠；迈向新征程，需要大力弘扬工匠精神。工匠精神在我国历史悠久，其从孕育产生到发展传承，经历了漫长的演变过程。我国历史上有无数令人赞叹的创造发明和重大工程，这让世界看到了我国古代工匠的伟大创造，看到了工匠的辛勤劳动和卓越技艺，也看到了工匠精神和中国智慧。

工匠精神在新时代千千万万青年劳动者中赓续传承。新时代，我们既有学习技能的宝贵机会，又有施展才能的广阔平台。青年学子只要胸怀技能报国之志，继承弘扬工匠精神，脚踏实地，刻苦钻研，努力拼搏，始终保持昂扬奋斗的前进姿态，就能在实现中华民族伟大复兴的赛道上奋勇争先，用实际行动书写"技能成才、技能强国"的华章。

2. 弘扬工匠精神，规划职业生涯，为中职学生提升职业素养提供引领方向

列夫·托尔斯泰说过："理想是指路明灯"。其实我们每个人就像拓展资源中的毛毛虫，而苹果就是我们的一个人生目标——职业成功。爬树的过程就是职业生涯规划的道路。毕业后，我们都要爬上人生这棵苹果树去寻找未来，完全没有职业生涯规划的人注定是要失败的。

职业生涯规划帮助我们中职生科学定位自己的发展方向，立足自身专业发掘自身潜力，形成正确的职业意识，促进职业发展。深入探讨自我职业理想，明确当前"我想做什么""我能做什么""我应该怎么做"，将工匠精神融入职业追求，能够为我们中职生将来的发展添加筹码。

拓展资源

1＋H 资源：
职业生涯规划的重要性

1＋H 资源：
亘古不变的工匠精神

第五单元

劳 模 精 神

主题一　劳模榜样在身边

　　劳模精神是劳动模范（简称劳模）在长期实践中形成的崇高品质和精神风貌，是中华民族精神的重要组成部分。在社会的各个领域，都有这样一群人——他们爱岗敬业、争创一流，艰苦奋斗、勇于创新，淡泊名利、甘于奉献，用实际行动诠释着劳模精神的深刻内涵。他们或许并不为大众所熟知，但他们的努力和付出却在默默地推动社会进步。

案例导入

　　案例1　黄道婆是宋末元初著名的棉纺织家，她通过改良传统的纺车技术，创造了三锭脚踏纺车，大大提高了工作效率。她还发明了"错纱配色"的工艺，使松江布成为全国知名的布料。黄道婆不仅自己精通纺织技术，还毫无保留地将技术传授给乡亲们。她在松江（今上海）开设纺织作坊，免费教授妇女纺织技术，帮助她们提高收入。她将自己的经验整理成册，供后人学习。她的技术推广使松江成为当时全国纺织业的中心，带动了地方经济的繁荣。黄道婆用智慧和奉献书写了一段传奇，她不仅是技术创新的典范，更是无私传承的楷模。她的精神至今仍激励着人们追求卓越、回馈社会。

　　案例2　顾秋亮是中国船舶重工集团公司的一名普通钳工，但他凭借精湛的技术、敬业的精神和无私的奉献，成为全国劳动模范和"大国工匠"的代表人物。顾秋亮从事钳工工作 30 多年，主要负责船舶精密设备的安装和调试。他对待工作一丝不苟，始终秉持"零误差"的标准。在一次重要任务中，他需要将一艘潜艇的密封装置安装到误差不超过 0.01 毫米的水平。经过反复测量和调整，他最终圆满完成了任务，确保了潜艇的安全性和性能。顾秋亮不仅技术过硬，还善于解决复杂问题。在某次新型船舶的建造过程中，他发现传统工艺无法满足设计要求，便主动钻研新技术，提出改进方案，成功解决了技术难题，为项目节省了大量时间和成本。他的创新精神为企业带来了显著的经济效益。顾秋亮深知技术传承的重要性，他主动承担起培养年轻工人的责任。他通过手把手教学、开设技术讲座等方式，将自己的经验和技能毫无保留地传授给年轻人。在他的带领下，一批批年轻技术工人迅速成长起来，成为企业的中坚力量。

1＋H 资源：各领域劳模案例

问题思考

问题 1　阅读案例 1，思考黄道婆的技术创新如何推动了纺织产业的发展。

问题 2　阅读材料 2，思考顾秋亮是如何通过自己的努力，在看似普通的岗位上展现劳模精神的。你心目中的劳模榜样有哪些共同特点？

小组探究

劳模精神是一种崇高的精神力量，代表着在工作中尽心尽力、无私奉献、勇于创新的精神。许许多多岗位的工作人员，都用自己的实际行动诠释了责任、奉献和卓越。请查阅身边的劳模事迹，梳理并总结其事迹及精神内涵。

1. 分小组探究下列问题

（1）身边的劳动模范是如何通过长期努力和奉献在自己的岗位上取得显著成绩的？

（2）劳模精神对于我们的生活和工作有何意义？我们应如何在自己的生活中践行这一精神？

2. 按以下步骤进行探究

步骤 1　复述事迹。复述自己身边的劳动模范的典型事迹。

步骤 2　总结贡献。用关键词概括这些劳动模范在各自领域的突出贡献和所体现出的劳模精神。

步骤 3　整理展示。将课前收集的资料和小组交流的内容进行整理，提出自己对劳模精神内涵的理解，形成一份"劳模榜样名录"，模版如表 5-1-1 所示。

表 5-1-1　"劳模榜样名录"模版

姓名	行业领域	所处岗位	所做贡献	精神内涵

探究结论

一、劳模精神的内涵

1. 劳模精神体现了对劳动的崇高敬意和热爱

劳动模范深知劳动是创造物质财富和精神财富的源泉，是社会进步和个人成长的基石。他们将劳动视为人生的重要价值追求，以积极的态度投入工作，在平凡的岗位上追求卓越。他们的实践证明，只有热爱劳动，才能在工作中找到乐趣，实现自身价值。

2. 劳模精神反映了强烈的社会责任感和使命感

劳动模范不仅关注个人的职业发展，更关心国家的繁荣和社会的进步。他们自觉将个人的奋斗融入时代的洪流，把服务社会、造福人民作为自己的使命。他们的行动体现了对国家和人民的深厚感情，以及为社会贡献力量的坚定决心。

3. 劳模精神蕴含着勇于创新、不断超越的进取精神

在时代发展和科技进步的背景下，劳动模范始终保持开放的思维和学习的热情。他们积极探索新方法、新技术，不断提升自身的专业水平和工作效率。他们的创新实践，为行业的发展注入了新的活力，推动了社会的进步。

4. 劳模精神体现了顽强拼搏、坚韧不拔的意志品质

面对工作中的困难和挑战，劳动模范不畏艰辛，始终保持积极乐观的态度。他们以坚定的信念和顽强的毅力，克服种种困难，完成了看似不可能完成的任务。他们的奋斗历程，彰显了不屈不挠的精神力量，鼓舞着人们勇往直前。

5. 劳模精神彰显了无私奉献、淡泊名利的崇高品德

劳动模范以集体利益为重，不计较个人得失，甘于奉献，乐于助人。他们在工作中主动承担责任，在生活中关心他人，用实际行动诠释了大爱无疆的崇高品德。

二、发现身边的劳模榜样

1. 细心观察，留意身边的闪光点

在日常的学习和生活中，我们要善于观察，留意身边人的言行举止。有些人可能并不引人注目，但他们在自己的岗位上默默耕耘，展现出优秀的品质。例如，班级中总是主动帮助他人解决问题的同学、校园里负责环境卫生的工作人员，他们的认真负责和默默奉献，营造了良好的校园环境，这些都是值得我们学习的。

2. 主动交流，了解背后的故事

当我们发现身边有这样的人物时，可以主动与他们交流，了解他们的工作内容和经历。他们可能会分享自己的奋斗历程、心得体会和人生感悟，这让我们能更深入地了解他们的精神品质。通过交流，我们可以感受到他们对工作的热爱和对生活的积极态度，从中获得启发和力量。

3. 参与实践，体验劳动的价值

通过参与志愿服务、社会实践等活动，我们可以亲身体验劳动的艰辛和快乐。在实践中，我们会遇到许多勤奋工作、无私奉献的人。他们以实际行动影响着我们，让我们更加理解劳模精神的内涵。例如：在社区服务中，我们可能会遇到长期坚持帮助他人的志愿者；在环保活动中，我们可能会遇到坚持宣传环保理念的宣传员。他们以自己的行动诠释了劳动的光荣和崇高。

通过发现和了解身边的劳模榜样，我们认识到，无论从事何种职业，只要踏实工作、认真付出，都是值得尊敬的。在学习中，我们要认真刻苦，掌握扎实的知识和技能；在生活中，我们要乐于助人，关心集体，培养团队精神。我们应当以身边的劳模榜样为楷模，将他们的精神内化于心、外化于行。在日常生活和学习中，我们要主动承担责任，积极参与集体活动，为他人和社会贡献自己的力量，通过自己的实际行动，影响和带动更多的人，共同营造积极向上的社会氛围。

拓展资源

1＋H 资源：
劳模精神

1＋H 资源：
全国劳动模范易冉

1＋H 资源：
全国劳动模范钱建华

主题二　劳模精神我践行

如何将劳模精神融入我们的学习和生活，是值得我们思考和实践的重要内容。我们应将所学习的劳模精神内涵转化为具体行动，掌握在日常生活中践行劳模精神的方法，并养成在日常生活和未来职业中自觉践行劳模精神的行为习惯。

案例导入

案例1　李时珍是明代著名的医药学家，他在医学领域的劳模精神体现在他对医学研究的执着追求和不懈努力上。为了编写《本草纲目》这本世界医学史上的经典之作，李时珍历时近30年，深入山野，亲自采集药材，考察草药的性能，并通过广泛的实践和实验，不断改进自己的理论。他在编纂过程中不仅要面对繁重的体力劳动，还要克服资金和资源短缺等许多困难。李时珍的敬业精神和对工作的无私奉献，成为古代劳模精神的典范。

案例2　"水果医生"王野虓是黑龙江省鹤岗市某医院重症医学科的主治医师，他在直播中用水果模拟人体器官，用浅显易懂的语言进行生动有趣的手术示范，获得了网友们的喜爱。此外，美化市容环境的环卫工人、唤醒味蕾的早餐铺老板、武汉铁路公安处"最美基层民警"、登上《时代》杂志的外卖小哥，以及消防员、婚礼主持人、交警等各行各业的劳动者都出现在直播中，展示了平凡人的不平凡人生。

问题思考

问题1　阅读案例1，思考李时珍在编写《本草纲目》的过程中体现了哪些劳模精神，以及现代人在工作中如何借鉴这些精神取得自己的成就。

问题2　阅读案例2，思考在信息化时代，我们可以利用哪些技术手段更好地践行和传播劳模精神，以及平凡人铸就的不平凡人生可以体现在哪些方面。

小组探究

劳模精神并不是仅仅体现在伟大的事迹上，它更多的是一种日常生活中的自我要求，是激励我们不断进步、勇于创新、奉献社会的重要力量。

1. 分小组探究下列问题

（1）如何通过勤奋学习和攻克专业难题来体现"爱岗敬业、争创一流"的劳模精神？

（2）在参与社会实践和志愿服务的过程中，我们如何将"无私奉献、乐于助人"的劳模精神融入其中？

2. 按以下步骤进行探究

步骤 1　制订个人行动计划。每组明确一个践行劳模精神的具体目标，如提高某门课程的成绩、参加志愿服务、掌握一项新技能等。

步骤 2　资料收集与分析。通过查阅资料，收集劳模精神的具体表现。

步骤 3　开展小组讨论。总结践行劳模精神的具体路径。

步骤 4　成果汇报与展示。及时记录实践过程中的经验、感悟和遇到的问题，对照目标达成情况进行成果总结。

探究结论

践行劳模精神，应从日常学习和生活的细节入手，具体可以通过以下途径来实现。

1. 立足本职，勤奋学习

勤奋刻苦的学习态度，是践行劳模精神的基础。在日常学习中，中职学生应对所学专业知识充满热情，保持专注和执着。面对难题，不应轻言放弃，而要主动思考、积极请教，努力攻克每一个技术难关。还要通过制订详细的学习计划，合理安排时间，提高学习效率，不断提升自身的专业水平和职业素养。例如，在学习某项操作技能时，可以反复练习，积极参加实训课程，努力达到熟练和精通的程度。这种积极主动的学习态度，正是劳模精神中"爱岗敬业、争创一流"的生动体现。职业技能大赛比赛现场如图 5-2-1 所示。

图 5-2-1　职业技能大赛比赛现场

2. 服务他人，奉献社会

劳模精神的重要内涵之一是无私奉献、服务社会。在校期间，学生可以积极参与志愿服务和公益活动，从身边的小事做起，关爱他人，回馈社会。例如，利用课余时间，参与校园卫生清洁，维护良好的学习环境；参加社区志愿活动，帮助有需要的居民；参与爱心捐助，为贫困地区的同龄人提供帮助。这些实践活动不仅传递了温暖，也提升了学生自身的道德修养和社会责任感，体现了劳模精神中"无私奉献、乐于助人"的核心。

3. 勇于创新，追求卓越

在信息化时代，勇于创新、不断超越自我，是践行劳模精神的关键。在学习和实践中，中职生应尝试运用新技术、新方法，提高效率和效果。例如，利用网络资源和多媒体工具，拓展专业知识面；积极参加学校组织的技能大赛和创新创业比赛，培养创新思维和实践能力（见图 5-2-2）。这些创新尝试，不仅提升了学生的专业能力，也增强了其自信心和成就感，体现了劳模精神中"勇于创新、追求卓越"的内涵。

图 5-2-2 学生参加创新创业大赛

拓展资源

1＋H 资源：
践行劳模精神

体验劳动实践篇

TIYAN LAODONG SHIJIAN PIAN

第六单元

"生活劳动＋"实践

项目一　我是宿舍"收纳师"

　　宿舍是住校学生日常生活的重要场所，也是学生开展日常生活劳动的主要场所。干净、整洁、温馨、和谐的宿舍环境，既能成为促进学生自我认同、同辈互助的重要空间，又是培养学生自身良好生活习惯、塑造学生健康人格的劳动实践课堂。

数字人微课：
我是宿舍"收纳师"

教学目标

　　·知识目标：了解整理收纳的基本概念、基本原则及基本工具等相关知识，认识整理收纳在个人生活和职业中的重要性。

　　·技能目标：通过参与整理收纳劳动实践活动，掌握整理收纳的基本方法和技巧，能够独立完成个人物品的整理收纳。

　　·素养目标：通过体验完整的整理收纳劳动实践活动，培养主动营造良好的宿舍居住环境、进行自我管理、主动为同伴提供服务的责任意识。

劳动实践

▶ 情境导入

　　案例1　某学校学生会查寝成员推开304宿舍门，混杂着霉味、汗臭和外卖残羹的刺鼻气味瞬间扑面而来，让人忍不住皱眉屏息。眼前的景象更是令人震惊：地板上散落着各种垃圾，外卖盒、饮料瓶、零食包装袋堆积成山，几乎无处下脚；吃剩的泡面汤洒在地上，已经干涸成深褐色的污渍，引来几只苍蝇嗡嗡盘旋；脏衣服、臭袜子随意扔在床边、椅子上，有的甚至已经发霉，散发出阵阵异味。学生的书桌上堆满了杂物，书本、文具、化妆品、电子产品胡乱地混杂在一起，几乎看不到桌面的原貌，充电线像蜘蛛网一样缠绕在一起，插线板上插满了各种充电器，安全隐患令人担忧。卫生间更是惨不忍睹，马桶里堆积着黄色的污垢，散发着刺鼻的氨水味。洗脸池里堵满了头发和污垢，镜子上布满了水渍和牙膏渍，已经看不清人影。角落里堆放着已经发黑的毛巾和浴球，散发着难闻的霉味。这个宿舍的空气中弥漫着一种令人窒息的沉闷感，仿佛连呼吸都变得困难。原本应充满青春活力的宿舍，此刻却像是一个被遗忘的角落，充斥着颓废和懒散的气息。

案例 2 当第一缕阳光透过窗帘，整理收纳师小李已经开始了她的一天。她打开笔记本电脑，查看今天的行程安排：上午为一对新婚夫妇整理新居，下午则要帮助一位自由职业者打造高效办公空间。她仔细阅读客户的需求问卷，在脑海中勾勒空间布局，并准备所需的收纳工具和材料。上午，小李准时来到新婚夫妇家中。小李首先与客户沟通，了解他们的生活习惯和审美偏好。她发现，由于缺乏收纳规划，新房里堆满了婚礼礼物和日常用品，显得杂乱无章。小李从客厅开始，将物品分类整理，舍弃不需要的东西，并利用收纳盒、隔板等工具，为每件物品找到合适的"家"。她还根据空间布局，设计了隐藏式收纳方案，让房间在整洁之余更显宽敞明亮。下午，小李来到自由职业者家中。客户的工作区域堆满了书籍、文件和电子设备，工作效率低下。小李首先帮助客户进行"断舍离"，筛选出其真正需要的物品。然后，她根据客户的工作习惯，重新规划了办公桌的布局，并利用文件柜、桌面收纳架等工具，将物品分类存放，方便取用。她还建议客户使用标签和颜色编码，进一步提高工作效率。小李的一天忙碌而充实，她用专业和热情，为每个客户创造着更美好的生活。

● **思考**

问题1 你如何帮助案例1中宿舍里的同学去解决他们的居住环境问题？

问题2 请结合案例2所描述的内容和自己的生活经验，谈谈你对整理收纳师职业的理解。

1＋H 资源：
整理收纳师

劳动准备

● **学习材料**

利用智能搜索工具，收集日常生活中关于整理收纳的技能以及与整理收纳师职业相关的材料。

● **工具材料**

（1）收纳工具，如鞋架、多功能挂篮、多功能折叠桌、衣物收纳盒等。

（2）清洁工具，如抹布、拖把、扫把、垃圾桶、橡胶手套等。

● **小组分工**

以宿舍为单位开展宿舍整理收纳劳动实践活动。在活动开展期间，各宿舍指定小组长1人、设计师2人，其他同学配合完成宿舍整理收纳任务。其中，小组长由宿舍长担任，设计师由宿舍有清洁收纳特长的同学担任。

1＋H资源：
常用宿舍收纳工具

● **安全提示**

在开展宿舍整理收纳活动时，需要注意以下安全问题：避免使用易燃材料；避免触电；避免高处坠物；正确处理尖锐物品；保持地面干燥；使用合适的工具。

劳动实施

任务一　设计宿舍整理收纳方案

根据本小组所在宿舍的实际情况，由小组长和设计师组织宿舍全体成员共同进行整理收纳方案的设计，每个宿舍以整理收纳2个储物柜和公共区域桌面以及储物架为本次整理收纳的任务目标。

● **具体步骤**

步骤1　以宿舍为单位分小组讨论储物柜收纳空间的划分和桌面、储物架的整理。讨论由小组长负责组织，小组全体成员积极参与。

步骤2　结合讨论的结果和课前准备情况，由设计师列出后期需要参考的整理收纳工具清单，并简要说明所用到的整理收纳工具的摆放位置和用途。

步骤3　小组长组织小组成员重点学习物品整理分类的"四分法"，结合学习材料中提到的万能"四分法"操作方式，熟练掌握用"四分法"对宿舍内物品进行正确分类的方法，并制订个人的物品分类计划。

步骤4　结合以上要求，制定一份简要的宿舍整理收纳方案。方案内容包括对物品的分类整理、对空间的合理规划、对杂物的妥善清理、选择合适的收纳工具以及如何坚持"断舍离"原则等。

1＋H资源：
"四分法"介绍

步骤5　在设计宿舍整理收纳布局图时，可以参考以下宿舍整理收纳布局，设计出储物柜、桌面、储物架的收纳布局图。

（1）竖型长铁柜整理收纳分区（见图6-1-1）。

图 6-1-1　竖型长铁柜整理收纳分区示例

（2）宿舍常用木质衣柜收纳分区（见图6-1-2）。

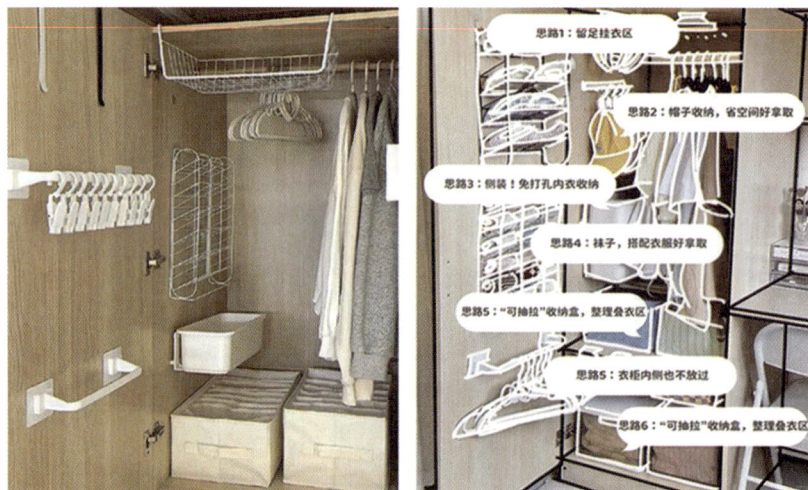

图 6-1-2　宿舍常用木质衣柜收纳分区示例

（3）桌面、储物架物品摆放（见图6-1-3）。

图 6-1-3　桌面、储物架物品摆放示例

任务二 对物品进行整理分类

● 具体步骤

步骤 1 准备临时收纳工具，用于临时存放从储物柜、桌面和储物架上清理出来的物品。

步骤 2 组织小组成员对需要整理的 2 个储物柜、桌面、储物架上面的物品进行清理，清理出来的物品要整齐摆放，为后续物品分类做好准备。

步骤 3 将清理出来的衣物、日常用品、书籍等放入临时收纳工具并转移到临时存放空间，使储物柜、桌面和储物架的待整理收纳区域处于清空状态，便于后期对这些空间进行分区规划。

步骤 4 按照"四分法"，将所有物品进行分类。这一步是整理收纳成功与否的关键，也是整理收纳过程中对物品进行二次整理分类的关键。通过此步骤，将物品进行准确分类，便于后期按照种类、使用频率等准确放入对应收纳分区。

● 操作建议

（1）可以将物品按照使用频率、季节或功能等进行分类，这样不仅可以提高查找效率，还能让宿舍看起来更加整洁。例如，应季衣物可以挂在衣柜里，反季衣物则可以放在收纳箱中。

（2）对已经不再使用的物品要果断舍弃，增加储物空间。对喜欢但不常用的物品，建议带回家处理，避免占用宿舍内的储物空间。

任务三 按照设计的整理收纳方案，对物品进行整理收纳

● 具体步骤

步骤 1 准备整理收纳工具和材料，如储物盒、隔板、书立、挂篮、免钉挂钩等。

步骤 2 根据对不同储物区域进行的分区设计，将衣物和其他物品分别放入指定储物区，并摆放整齐。

步骤 3 在整理收纳的过程中，结合实际情况对储物空间的分区进行适当调整，以便储物空间得到充分利用。

步骤 4 整理收纳完成后，再次对分区收纳的合理性进行查看，并适当调整物品摆放的位置，以达到更加理想的收纳效果。

● 操作误区

（1）不整理就收纳。整理收纳不仅仅是将物品放入容器中，更重要的是对物品进行分类、筛选和规划。不进行整理，就无法有效地进行收纳。

（2）过度细分收纳空间。储物柜内分隔不要过多，要保持简洁的收纳结构，让拿取更加方便。

（3）过多购买整理收纳工具。应根据实际需要选择适量的收纳工具，并确保其能够真正帮助自己整理收纳物品。

（4）一次性整理收纳。要避免一次性整理收纳，定期检查整理收纳空间，确保其始终保持整洁有序的状态。

展示分享与评价

成果展示

（1）整理收纳任务完成后，各小组分别拍摄储物柜、桌面和储物架的收纳效果照片，汇总之后发给任课教师。

（2）任课教师收齐各组拍摄的整理收纳效果照片后，在教室内通过多媒体设备进行播放。播放时，各小组组长或设计师上台介绍整理收纳的思路和亮点。

互动评价

（1）成果展示完成后，任课教师逐一对各小组的整理收纳任务完成情况进行点评。

（2）对本项目的关键要素进行讲解，并组织各小组组长进行自评。各小组自评完成后，师生共同填写活动评价表。

序号	评价内容	评价标准	自评	师评	得分（均值）	备注
1	劳动态度 （20分）	积极参与（10分）				
		细节控制（10分）				
2	劳动安全 （20分）	遵守安全规程（10分）				
		做好安全防护（10分）				
3	劳动过程 （30分）	分工合理（10分）				
		优化布局（10分）				
		讲究效率（10分）				
4	成果展示 （30分）	收纳整齐（10分）				
		布局美观（10分）				
		创新创意（10分）				
	评价等级	优：90～100分　良：80～89分　中：70～79分　合格：60～69分 不合格：59分以下				
	综合评定	优□　良□　中□　合格□　不合格□				

拓展资源

1＋H 资源：
认识收纳

1＋H 资源：
收纳方法四大类别

1＋H 资源：
空间大变身：打开衣橱的魔法

项目二　营养美食我制作

　　主动参与家务劳动是每个人应尽的家庭义务。在日常生活中，制作一份家庭营养食谱，与家人共同烧制美味佳肴，不仅可以促进家庭和谐，提升家庭幸福感，还能提升家庭饮食水平，促进家庭成员的身心健康。

教学目标

　　•知识目标：通过学习健康饮食知识，认识健康饮食的重要性，了解健康饮食的基本知识，了解膳食中各种营养素的作用和搭配原则。

　　•技能目标：培养合理搭配膳食的能力，能够根据自身需求和健康状况制订营养均衡的饮食计划；能够结合家庭生活实际情况，制作一周的家庭营养食谱。

　　•素养目标：通过学习中华饮食传统文化，感受中华饮食文化中蕴含的丰富内容，进一步增强文化自信；通过对饮食文化的深入了解和实践体验，懂得感恩父母和尊重从事餐饮工作的普通劳动者。

劳动实践

▶ 情境导入

　　案例1　2021年6月7日，国家卫生健康委办公厅等四部门联合印发的《营养与健康学校建设指南》对于"孩子要怎么吃"的问题进行了相关规定。其第 25 条规定："不得在校内设置小卖部、超市等食品经营场所，不得售卖高盐、高糖及高脂的食品和酒精饮料。不得对含糖饮料、调味面制品等零食进行广告宣传。"第 27 条规定："学生餐每餐供应的食物要包括谷薯杂豆类、蔬菜水果类、水产畜禽蛋类、奶及大豆类等 4 类食物中的 3 类及以上。食物种类每天至少达到 12 种，每周至少 25 种。"该指南的制定促进营养与健康的理念融入公共政策制定实施的全过程，不仅能够适应儿童青少年生长发育需要，关注生命全周期、健康全过程，全面促进学生健康，还能推动学校营养与健康工作，营造校园健康氛围，引导师生不断增强营养与健康意识。此外，通过营养与健康学校这一窗口，搭建从学校到家庭再到社会的传递链，传播正确的健康知识和行为，让全社会加快形成健康生活方式。

案例 2 随着人们健康意识提升、慢性病增加、营养学发展以及相关政策支持，人们对健康的关注度持续上升，并由此催生了营养师这一职业。营养师根据客户的个体需求，为其制订合理的饮食计划，帮助其改善健康状况；通过对用户的饮食进行干预，为用户预防和管理慢性病提供帮助；在社会上普及营养知识，提升公众健康素养，促进健康饮食。此外，营养师还参与食品开发，确保产品营养均衡，满足市场需求；参与社区健康项目和公共营养政策制定，提升社会整体的健康水平。

● **思考**

问题 1 请结合案例 1，说说注重营养与健康有什么重要的意义。

问题 2 请结合材料 2 所描述的内容和自己的生活经验，谈谈你对营养师职业的理解。

▶ 劳动准备

1＋H 资源：
日常营养食谱制作小技巧

● **学习材料**

利用智能搜索工具，收集并整理日常生活中营养食谱制作的相关技能，了解中国饮食传统文化，了解营养师职业的相关内容。

● **工具材料**

计算工具（计算器），制表工具（办公软件）。

● **小组分工**

以小组为单位开展家庭营养食谱制作实践活动。各小组指定营养师 1 人、调研员 1 人、采购员 1 人、安全员 1 人。分组完成后，组内成员通过协商，完成以上 4 种角色的分配任务，也可以通过任课教师指定的方式完成角色分配任务。

（1）营养师：负责在小组其他成员的协助下，对营养食谱进行总体设计，确保营养食谱的科学性和合理性；通过分析和整理其他成员提供的相关信息，在电脑上将一周营养食谱制作并呈现出来。

（2）调研员：通过聊天的方式对食谱使用对象的饮食习惯、食物摄入量、过敏禁忌证等进行调研，并在短时间内将情况梳理清楚，提供给营养师。

（3）采购员：负责按照营养师设计的食谱进行"虚拟采购"，可以通过网络查找等方式，查询并记录各种食材的价格，确定食材的购买地点并拟定预算，避免超支浪费。

（4）安全员：负责对食谱设计和实施的全过程进行安全监督，重点监督在食谱设计中有无使用过期食品、有无易过敏和强刺激性食品，发现不安全因素及时提出并监督小组成员立即改正。

● 安全提示

在设计营养食谱的过程中，需要注意以下安全问题。

（1）选用食材时要考虑保质期，避免使用过期食材。

（2）要减少强刺激性食材的使用。

（3）不要将相克的食材放到一起。

▶ 劳动实施

任务一　计算每日摄入能量

● 具体步骤

步骤1　结合家庭成员的身高、体重、年龄等信息，计算家庭成员每日需要摄入的能量总和。计算公式如下：

男性：BMR（基础代谢率）＝10×体重（千克）＋6.25×身高（厘米）－5×年龄（岁）＋5。

女性：BMR（基础代谢率）＝10×体重（千克）＋6.25×身高（厘米）－5×年龄（岁）－161。

每日摄入能量＝BMR×身体活动系数。

身体活动系数参考如下：久坐少动，活动量极小或无运动，身体活动系数为1.20；轻微活动，每周1～3天低强度运动，身体活动系数为1.38；中等活动，每周6～7天中强度运动，身体活动系数为1.55；积极运动，每周6～7天高强度运动，身体活动系数为1.73；非常活跃，坚持高强度运动、训练或体力工作，身体活动系数为1.90。

家庭每日摄入能量等于家庭成员每日摄入能量的总和（千卡）。

步骤2　在计算出家庭成员每日摄入能量总和的基础上，将摄入能量换算为三大营养素的需求量。一般情况下，碳水化合物占家庭成员每日摄入能量总和的50%，蛋白质占30%，脂肪占20%。计算公式如下：碳水化合物热量（千卡）＝家庭成员每日摄入能量总和×

50％；蛋白质热量（千卡）＝家庭成员每日摄入能量总和×30％；脂肪热量（千卡）＝家庭成员每日摄入能量总和×20％。

步骤3 按照1克碳水化合物可以转化为4千卡热量、1克蛋白质可以转化为4千卡热量、1克脂肪可以转化为9千卡热量的标准，将三大营养素的需求量由热量转换为重量。计算公式如下：碳水化合物重量（克）＝碳水化合物热量（千卡）/4（千卡/克）；蛋白质重量（克）＝蛋白质热量（千卡）/4（千卡/克）；脂肪重量（克）＝脂肪热量（千卡）/9（千卡/克）。

任务二 选择合适的食材

● 具体步骤

步骤1 参照中国居民平衡膳食宝塔（见图6-2-1）提供的食材种类，结合家庭成员的日常饮食习惯，挑选每日所需食材。

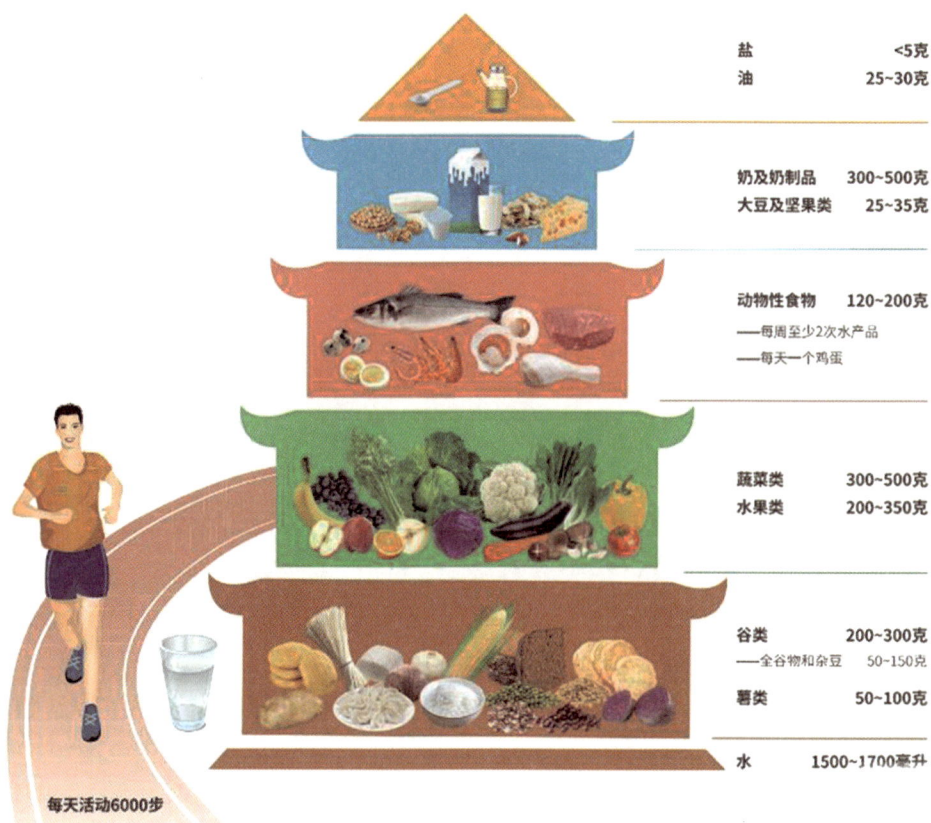

图 6-2-1 中国居民平衡膳食宝塔

步骤2 小组营养师对大家所挑选的每日所需食材进行汇总，并将挑选出来的食材按照优质碳水、优质蛋白、膳食纤维和低GI（低血糖生成指数）水果（维生素）分为四类（见图6-2-2）。

优质碳水

全麦面包　紫薯　杂粮粥　玉米

荞麦面　糙米饭　山药　燕麦

土豆　红薯　南瓜　芋头

魔芋结　小米粥　薏米　莲藕

优质蛋白

鸡胸肉　去皮鸡腿肉　牛肉　牛里脊

虾仁　龙利鱼　桂鱼　鲈鱼

三文鱼　豆腐　鸡蛋　黑鱼

羊肉　去皮鸭肉　瘦肉　排骨

膳食纤维

番茄　黄瓜　彩椒　胡萝卜

冬瓜　萝卜　花菜　蘑菇

芹菜　菠菜　紫甘蓝　上海青

苦瓜　杏鲍菇　洋葱　茼蒿

低 GI 水果

草莓　柚子　桃子　樱桃

梨子　橘子　橙子　苹果

猕猴桃　蓝莓　枇杷　番石榴

菠萝　木瓜　无花果　火龙果

图 6-2-2　将食材分为四类示例

步骤 3　将挑选出来的食材进行分类后，观察各类所占比例是否合理，如果不合理或种类单一，应进行适当调整，以便达到合理的配比，丰富食材种类。

任务三　制作家庭营养食谱

● **具体步骤**

步骤 1　将家庭成员一日三餐所需三大营养素的总量按照早餐 30％、午餐 40％、晚餐 30％的原则进行分配。

步骤 2　通过网络查询等方式，将所选食材按照每 100 克含有的碳水化合物、脂肪和蛋白质，进行三大营养素计算，如表 6-2-1 所示。

表 6-2-1　每 100 克常见食物中三大营养成分的含量　　　　　　　　　　　（单位：克）

食物名称	蛋白质	脂肪	碳水化合物
牛肉	20.1	10.2	0.1
鸡肉	21.5	2.5	0.7
鱼虾类	17.6	0.8	0.2
鸡蛋	14.8	11.6	1.3
豆制品	44.8	21.8	12.7
蔬菜类	2.6	0.4	2.0
米饭	6.7	0.7	77.9
薯类	1.8	0.2	29.5
面粉	10.5	1.6	73.0

例如：通过计算，午餐需要蛋白质 35 克，如果午餐我们选用鱼虾类来补充蛋白质，大约需要 200 克。

步骤 3　参照早餐、午餐和晚餐建议的搭配方式，选择相应的食材，将食材通过各种组合，填满一日三餐所需三大营养素的缺口。一日三餐建议的搭配方式如图 6-2-3 所示。

图 6-2-3　一日三餐搭配示例

步骤 4　将设计好的家庭成员一日食谱填入表 6-2-2 中。

表 6-2-2　一日食谱表

三餐总热量	早餐（30%）	午餐（40%）	晚餐（30%）	备注
××（千卡）	××（千卡）	××（千卡）	××（千卡）	
食谱 1	食物 1（克） 食物 2（克） 食物 3（克） 食物 4（克）	食物 5（克） 食物 6（克） 食物 7（克） 食物 8（克）	食物 9（克） 食物 10（克） 食物 11（克） 食物 12（克）	

续表

三餐总热量	早餐（30%）	午餐（40%）	晚餐（30%）	备注
食谱2	食物1（克） 食物2（克） 食物3（克） 食物4（克）	食物5（克） 食物6（克） 食物7（克） 食物8（克）	食物9（克） 食物10（克） 食物11（克） 食物12（克）	
食谱3	食物1（克） 食物2（克） 食物3（克） 食物4（克）	食物5（克） 食物6（克） 食物7（克） 食物8（克）	食物9（克） 食物10（克） 食物11（克） 食物12（克）	
填写示例	鸡蛋1个（60克） 牛奶1杯（300克） 全麦面包2片（100克） 蒸南瓜1块（100克）	大米（80克） 瘦牛肉（70克） 青椒（100克） 菠菜（150克） 苹果（150克）	燕麦米（30克） 大米（30克） 虾仁（60克） 芦笋（100克） 西蓝花（150克）	忌辛辣

● **操作建议**

（1）在各小组进行营养食谱制作时，可以由任课教师提前给出 3～4 个虚拟家庭成员的身高、体重、年龄等信息，学生按照教师提供的信息进行计算和营养食谱设计。

（2）教师可以为各小组指派特定的设计任务，比如，第一小组负责设计周一的食谱、第二小组负责设计周二的食谱等。这样，既能提高食谱制作效率，又能提升劳动实践活动的效果。

展示分享与评价

成果展示

（1）家庭营养食谱设计完成后，先由各组营养师在组内进行交流分享，小组成员达成分享共识后，将食谱交给任课教师。

（2）任课教师结合各小组设计的食谱，引导各小组进行营养食谱交流展示，介绍时注意说明营养食谱的设计原则、成本、营养价值、口味偏好等。

互动评价

（1）成果展示完成后，任课教师逐一对各小组的营养食谱设计任务完成情况进行点评。

（2）任课教师对本项目的关键要素进行讲解，并组织各小组组长进行自评，自评完成后，师生共同填写活动评价表。

序号	评价内容	评价标准	自评	师评	得分（均值）	备注
1	劳动态度（20分）	积极参与（10分）				
		细节控制（10分）				
2	劳动安全（20分）	食材无风险（10分）				
		食材不相克（10分）				
3	劳动过程（30分）	配合默契（10分）				
		分工合理（10分）				
		讲究效率（10分）				
4	成果展示（30分）	完成食谱设计（10分）				
		流利介绍食谱（10分）				
		创新食谱设计（10分）				
评价等级		优：90～100分　良：80～89分　中：70～79分　合格：60～69分　不合格：59分以下				
综合评定		优□　良□　中□　合格□　不合格□				

拓展资源

1＋H资源：
简要了解营养师

1＋H资源：
每天吃些什么才算健康饮食

项目三　智能家居会使用

在科技飞速发展的今天，智能家居逐渐走进我们的生活，成为现代家庭不可或缺的一部分。智能家居系统的设计与使用，不仅仅是一项技术活，更是一种对未来生活的思考与探索。通过科学的方法和设备，将家中的各种智能设备连接起来，实现自动化控制，可以让我们的生活更加舒适与高效。

教学目标

·知识目标：了解智能家居的基本概念、主要功能和应用场景；掌握智能家居系统的用户界面和操作流程。

·技能目标：能够熟练操作智能家居设备进行基本的配置和设置；掌握智能家居系统的安装流程，能够进行系统的调试和优化。

·素养目标：在活动过程中，体验科技为家庭带来更多的便利与舒适，形成开放、共赢、创新的价值理念。

劳动实践

情境导入

案例1 张先生是一位职场人士，平时工作繁忙，常忽略家庭管理。在安装智能家居设备前，他经常忘记关闭家中的电器，导致能源浪费和诸多不便；同时，由于缺失安防系统，他在出差或晚归时常担忧家庭安全。后来，张先生安装了智能家居设备，通过手机应用远程控制家电，不仅节约了能源，还确保了家庭环境的舒适安全。比如，智能恒温器可以自动调节室内温度，智能门锁和摄像头提升了安全性。智能家居设备让张先生的生活变得更舒适和安全，提升了他的生活品质。

案例2 小李给年迈的父母购买了一台扫地机器人，但半年后父母还没开箱。"不会安装，不懂设置 Wi-Fi，不会下载 App……"这些对于年轻人而言可以轻而易举搞定的事，对老年人来说却是"难如登天"。智能家居管理师能够进行系统设计与规划，在了解客户需求的基础上，评估家庭结构和生活习惯，根据客户需求设计智能家居系统，并选择合适的智能设备，确保设备兼容性和高性能；同时进行智能家居设备的安装与调试，确保智能设备稳定连接；同时将不同品牌的智能设备集成到一个统一的控制平台，设置不同的场景模式，优化智能家居系统的节能设置，降低能耗。智能家居管理师还能进行安全与隐私保护，通过进行智能家居系统的安全设置，防止黑客攻击，确保客户的隐私数据得到保护，同时制定应急预案，应对可能的安全威胁。总之，智能家居管理师在多个方面发挥重要作用，帮助客户实现智能化、便捷化和安全化的家居生活。

● 思考

问题1 结合案例1介绍的内容，说说还有哪些智能家居系统可以帮助张先生这种职场人士解决家庭管理不足的问题。

问题 2 请结合案例 2 所描述的内容和自己的生活经验，谈谈你对智能家居管理师职业的理解。

≫ 劳动准备

● 学习材料

智能家居设计手册、工作原理图等。

● 工具材料

智能网关、门窗感应器等智能家居以及相应的安装工具。

● 小组分工

以小组为单位开展智能家居设置或配置实践活动。各小组需要明确成员角色分工，如小组长、设计师、调试员等。分组完成后，可以由组内成员通过协商完成以上角色的分配任务，也可以通过任课教师指定的方式完成角色分配。

● 安全提示

在安装和测试设备时，务必保持手部稳定，避免划伤或刺伤；使用工具时，戴好手套，注意保持安全距离。

≫ 劳动实施

任务一　智能网关的安装与网络配置

作为智能家庭的中心枢纽，智能网关扮演着至关重要的角色。它负责接收各种设备的信号，并根据用户指令来控制这些设备，实现各种预设的智能场景。借助其内置的中继功能，一个智能网关能够连接多达 127 个子设备，从而为用户打造便捷的智能家居环境。小组成员需要仔细阅读用户使用手册和操作指南，完成智能网关的安装与网络配置工作。

● 具体步骤

步骤 1　确保智能网关设备连接到电源插座，并接入 2.4 GHz 的 Wi-Fi 网络。然后，在移动设备上下载、安装并登录相应的应用程序。

步骤 2　确保移动设备靠近无线网关，以优化信号强度，保证连接顺畅和稳定。

步骤 3　激活移动设备上的应用，点击主界面右上角的"添加"按钮，选择"添加设备"以连接新设备。

步骤 4　通过应用搜索并识别智能网关设备，选择所需设备进行连接和管理。

步骤 5　输入无线网络 SSID 和认证密钥，以便智能网关设备顺利连接家庭网络。

步骤 6　等待智能网关设备完成与 Wi-Fi 网络的连接，确保连接的稳定性和安全性。

任务二 智能守护系统的使用

在现代社会，家庭安全问题得到了广泛关注。采用先进技术的智能安防系统为家庭安全提供了强有力的保障。该系统通过对门窗传感器和各类安全设备的集成，实现了对家庭环境的持续监控，确保了家庭安全。当检测到非法入侵等异常情况时，门窗传感器会立即触发报警机制。系统随即迅速调动应急资源，包括及时通知用户、通过移动应用推送警报，以及直接联系安保人员或报警中心等。这种高效的应急响应机制显著提升了家庭安全的响应速度和处理准确性，为用户提供了更为安全和稳定的生活环境。

● 具体步骤

步骤 1 将门窗传感器加入智能家居网关，按 App 指示操作至"连接成功"语音提示。若连接失败，靠近网关重试。

步骤 2 设备添加成功后，按住传感器重置孔，直至网关出现确认通信提示音。

步骤 3 撕下保护膜，将传感器粘贴于开合区域（传感器主体固定面与磁铁活动面的间隙小于 22 毫米），如图 6-3-1 所示。在这个过程中确保粘贴表面清洁干燥，安装时防摔，以免损坏传感器。

1. 撕下胶贴保护膜 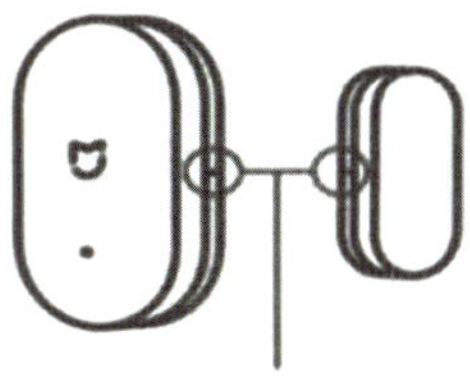　　　　　2. 安装时尽量对齐主体与磁铁侧边的安装标记

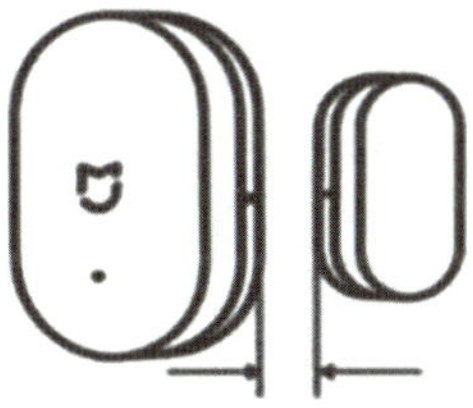

3. 分别粘贴在所需开合区域（主体安装于开合区域固定面，磁铁安装在开合区域活动面，安装间隙在门窗关闭状态下小于22毫米）

图 6-3-1　粘贴传感器

步骤 4 在应用程序中启动并进入网关守护模式配置界面。在这一过程中需要注意以下几点。

（1）在激活报警系统的过程中，必须确保门窗传感器处于激活状态。

（2）调整系统守护模式定时功能，比如设定每日 22 时启动，次日 7 时自动停止，确保每日自动循环，无须人工干预，保持系统守护模式状态。

（3）激活守护进程的倒计时，可设定为 5 秒，设置报警系统铃声为"安全事故因"音效，音量 80 分贝，持续 30 秒，确保紧急情况下有足够的响应时间。同时，激活报警灯闪烁功能，与铃声同步，持续 30 秒，增强报警效果，确保紧急情况下迅速吸引注意。

任务三　智能小夜灯的使用

智能小夜灯通过传感器能够非常精准地探测到人体的移动。这种独特的设计使得智能小夜灯能够在夜晚提供恰当的照明，从而在人们需要在夜间前往洗手间，或在需要查看孩子房间时，避免因周围环境光线不足而发生摔跤事故，大大提高了人们在夜间活动时的安全性。

● 具体步骤

步骤 1　将人体传感器集成到智能家居网关，并按应用指南配置，直至收到"连接成功"的语音提示。若连接失败，靠近网关并重新连接，直到成功为止。

步骤 2　设备添加成功后，在传感器安装位置按重置孔，网关发出提示音，确认传感器与网关通信正常（见图 6-3-2）。

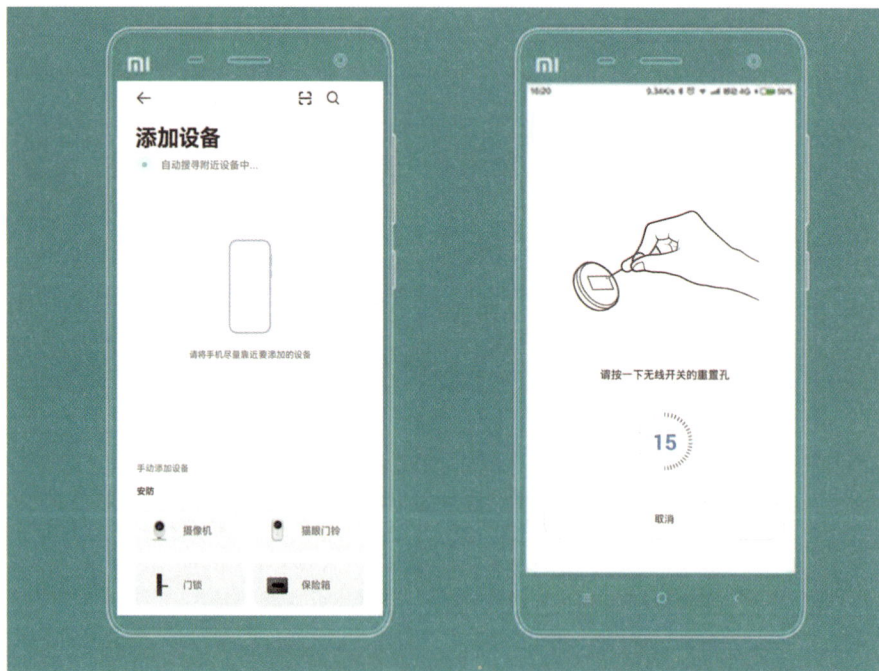

图 6-3-2　设备添加成功和按重置孔

步骤 3　在应用程序中启动并进入网关设备的彩灯模式设置界面，设置感应灯的感应功能，使其在检测到人体移动时自动开启。设定工作时间段，确保每日特定时间（如 21 时至次日 7 时）是激活状态，为经过人员提供照明服务。

1＋H 资源：
门窗传感器的工作原理

1＋H 资源：
智能家居与传统家居的区别

展示分享与评价

▶ 成果展示

　　根据自身需要，完成家庭内部智能家居系统的设计，并介绍设计思路、分享设计创意。可以以口头报告，也可以用 PPT 演示的形式展示。

▶ 互动评价

　　（1）成果展示完成后，任课教师逐一对各小组的营养食谱设计任务完成情况进行点评。

　　（2）任课教师对本项目的关键要素进行讲解，并组织各小组组长进行自评，自评完成后，师生共同填写活动评价表。

序号	评价内容	评价标准	自评	师评	得分（均值）	备注
1	职业素养（20分）	按时出勤，着装规范（10分）				
		能够服从教师及团队安排，积极与队友协商（10分）				
2	劳动安全（20分）	遵守安全规程，做好安全防护（10分）				
		6s标准整理工位（10分）				
3	成果展示（60分）	按要求完成智能守护系统的调试（20分）				
		按要求完成智能小夜灯的调试（20分）				
		完成家庭内部智能家居系统的设计（20分）				
	评价等级	优：90～100分　良：80～89分　中：70～79分　合格：60～69分 不合格：59分以下				
	综合评定	优□　良□　中□　合格□　不合格□				

拓展资源

1＋H 资源：
智能家居常见问题解决方法

1＋H 资源：
智能家居调试方法

第七单元

"生产劳动＋"实践

项目一　校园美化植物养护

学生在学校日常管理服务工作中扮演着重要的角色，因此，引导学生积极参与校园美化植物养护活动，是学校劳动教育的重要内容之一。学生亲自养护花草树木，能够增强自身的环保意识，还能体验到成功的喜悦，增强主人翁意识，主动为学校的环境问题出谋献策，提升自身的综合素质。

教学目标

•　**知识目标**：通过学习植物分类，了解花草树木的种类和分类；通过学习植物的养护知识，了解校园常见的花草树木的养护方法和注意事项。

•　**技能目标**：通过参与植物养护实践活动，能够自主进行植物养护，并能结合所学知识，制作植物身份信息牌和养护提示牌，培养对校园常见植物进行日常养护的能力。

•　**素养目标**：在参与校园美化植物养护的过程中，培养绿色生态理念，缓解压力、减轻焦虑，树立正确的审美观，提升综合素质。

劳动实践

情境导入

案例1 塞罕坝林场位于河北省承德市围场县北部。1962年，来自全国18个省市的127名大中专毕业生，与当地干部职工一起，组成了一支369人的创业队伍，拉开了塞罕坝造林绿化的历史帷幕。通过塞罕坝三代人近60年的艰苦奋斗，他们在极端困难的地理条件下，在140万亩的总经营面积上，成功营造了115万亩人工林，创造了一个变荒原为林海、让沙漠成绿洲的绿色奇迹。

案例2 深圳的邬先生第一次接触园艺只是出于好奇和兴趣。随着不断了解植物生长、养护、繁殖、施肥、防病等方面的知识，"侍花弄草"的爱好最终变成他的职业生涯。从事园艺师职业多年，他觉得这份职业让自己变得更加沉稳和年轻。植物教会了他耐心和坚持，他也因为养护植物而保持了一颗热爱生活的心。

思考

问题1 通过对材料1的学习，试着分析塞罕坝林场带来的经济效益、生态效益和社会效益分别有哪些。

问题2 请结合材料2所描述的内容和自己的生活经验，谈谈你对园艺师职业的理解。

劳动准备

学习材料

利用智能搜索工具，整理日常生活中植物养护相关技能以及园艺师职业介绍的相关材料。

工具材料

1+H资源：
园艺师

（1）校园植物基本信息：任课教师在课前收集10～20种校园内的植物相关信息，供学生在实践活动中使用。基本信息包括植物照片、植物名称和分布区域。

（2）电脑或手机：通过电脑或手机进行植物信息查询，借助电脑或手机查找植物的详细信息和养护方法，对植物进行深入了解。

（3）彩笔：利用彩笔制作植物记录卡和养护卡，可以通过不同颜色的彩笔，将植物的身份信息和养护注意事项进行醒目标注。

（4）A4白纸和剪刀：制作植物记录卡和养护卡。

（5）塑封机和塑封膜：对制作出来的卡片进行塑封，对卡片起到保护作用。

（6）打孔机和捆扎带：将塑封后的记录卡和养护卡进行打孔处理，并使用捆扎带将卡片固定在指定的植物表面。

● **小组分工**

以班级为单位开展校园美化植物养护实践活动。教师可以把班内同学分为若干小组，每组4～5人；再将小组划分为调查研究组、信息记录组和养护计划制定组。

（1）调查研究组：负责将教师提供的校园植物进行信息收集汇总，即通过电脑或手机查询植物的分类，按照科属、习性、显著特征等对这些植物进行信息收集汇总。

（2）信息记录组：负责从校园植物中挑选出1种，通过电脑或手机收集该植物的详细信息，如植物的名称、外观特征、颜色、气味以及其他特点。在此基础上，利用提供的工具制作植物记录卡。

（3）养护计划制订组：负责从校园植物中挑选出1种，通过电脑或手机收集该植物的日常养护信息，包括浇水、施肥、光照、温度、土壤酸碱性等具体养护方法。在此基础上，利用提供的工具制作植物养护卡。

（4）小组长：各小组都要有一位同学担任小组长，小组长由各组学生共同商议后产生。小组长负责在完成任务的过程中对小组内部的任务分工进行协调，带领小组成员完成相应任务。

● **安全提示**

（1）安全使用剪刀，避免操作不当导致刺伤或划伤。

（2）正确使用打孔机和捆扎带，防止手指受伤。

（3）在进行校园绿化时，要注意用水用电安全，合理使用各种工具，按要求使用防护装备，如手套、护目镜、安全帽等。

▶ 劳动实施

任务一 对校园植物进行调查研究

● **具体步骤**

步骤1 各小组挑选需要调查的植物。小组长组织本小组成员通过共同商议的方式，挑选出准备进行调研的5～7种植物，为接下来的植物信息收集工作做好准备。

步骤2 绘制植物调查研究统计表。调查研究组利用相关材料，参考给出的植物调查研究统计表样表，手动绘制一份调查研究统计表（见表7-1-1），为接下来的植物信息统计工作做好准备。

表 7-1-1　植物调查研究统计表

序号	植物名称	科属	习性	分布区域	显著特征	备注
1						
2						
3						
4						
5						
6						
7						

步骤 3　进行植物信息搜索和记录。小组成员通过使用电脑或手机浏览器的信息搜索功能，收集植物的科属、习性、显著特征等相关信息，对植物进行详细调查，并将收集的相关信息填入提前绘制好的植物调查研究统计表内。

任务二　制作植物记录卡

● 具体步骤

步骤 1　确定需要调查记录的植物。信息记录组的各小组组长组织本小组成员通过共同商议的方式，确定 1 种植物并进行详细记录，为接下来的植物信息收集工作做好准备。

步骤 2　进行植物信息搜索和记录。信息记录组各小组成员通过使用电脑或手机浏览器的信息搜索功能，收集植物的外观特征、颜色、气味以及其他特点等相关信息，对植物进行更加深入的了解。

步骤 3　制作植物记录卡。植物记录卡具体包括以下内容。

（1）植物名称：写下植物的名字。

（2）外观特征：描述植物的样子，如茎、叶、花的形态。

（3）颜色：记录植物的颜色，如花瓣、叶片的颜色。

（4）气味：记录植物的气味，如是否有香味。

（5）其他特点：记录植物的其他特点，如用途、生长环境等。

信息记录组参照提供的植物记录卡模板，手动绘制一份植物记录卡，并将收集的相关信息填入提前绘制好的植物记录卡内（见图 7-1-1）。

图 7-1-1　手绘植物记录卡

步骤 4　塑封和打孔。使用提前准备好的塑封膜，将制作好的植物记录卡用塑封机进行塑封处理。塑封完成后，使用打孔机在卡片的相应位置打孔，然后使用捆扎带将卡片固定到指定植物上面。

● **操作建议**

在制作植物记录卡时，要对植物记录卡进行美化处理，如使用不同颜色的彩笔增强色彩性、绘制简单图画进行装饰等。

任务三　制作植物养护卡

● **具体步骤**

步骤 1　挑选需要进行养护的植物。养护计划制订组的各小组组长组织本小组成员通过共同商议的方式，确定 1 种需要进行养护的植物，为接下来的植物养护信息收集工作做好准备。

步骤 2　进行植物养护信息搜索和记录。养护计划制订组的各小组成员通过使用电脑或手机浏览器的信息搜索功能，收集植物的光照、浇水、施肥、温度、土壤酸碱性等相关养护信息，对选定植物的养护方法进行详细了解（见图 7-1-2 左）。

步骤 3　制作植物养护卡（见图 7-1-2 右）。植物养护卡上应详细说明植物的光照、浇水、施肥、温度、土壤酸碱性等具体养护方法，确保植物健康生长。

养护计划制订组参照提供的植物养护卡模板，手动绘制一份植物养护卡，并将收集的相关植物养护信息填入提前绘制好的植物养护卡内。

步骤 4　塑封和打孔。使用提前准备好的塑封膜，将制作好的植物养护卡用塑封机进行塑封处理。塑封完成后，使用打孔机在卡片的相应位置打孔，然后使用捆扎带将卡片固定到指定植物上面。

茉莉花
光：喜温暖，可放在南阳台上，夏季中午注意遮荫。
水：喜水，夏天一般1-2天浇一次，冬天可以少浇。
肥：喜肥，花期每10-15天用一次花多多2号或磷酸二氢钾。
酸碱性：喜酸，可施硫酸亚铁在土壤中保证酸性。
温度：22~35℃，冬季温度不能低于-5℃。

多肉
光：非常喜光，放南阳台或者窗台，也可露养。
水：耐旱，2周浇1次水，带绒毛尽量不要沾水。高温休眠期少浇或不浇。
肥：一般喜肥，春秋两季可撒奥绿2在盆面。
酸碱性：中性，耐贫瘠，沙质土即可。
温度：15~28℃最为适宜，夏季高温会休眠，冬天不低于-5℃。

绿萝
光：耐阴，可放在卧室，垂吊或做绿萝墙都可以。
水：喜水，经常喷水保持空气湿度，2~3天浇一次水。
肥：不太喜肥，想要叶子大，可以喷磷酸二氢钾。
酸碱性：偏酸性，用腐叶土配制土壤即可，注意透水透气。
温度：生长温度在18~30℃，冬季不能低于10℃。

绣球
光：耐半阴，明亮散射光或全日照2-4个小时。
水：一般2-3天浇1次，夏天可1天一浇。
肥：花期前2个月用花多多2号，其它季节可用花多多318S肥粒。
酸碱性：中性但酸蓝碱红，花期间2-3个月用硫酸铝/镁调节酸度调蓝。
温度：18~20℃，大苗冬季可耐-15度左右，品种不同耐寒程度稍有不同。

兰花
光：耐阴，喜明亮散光，不要暴晒。
水：春秋2周左右浇一次水，夏天5~7天浇一次。
肥：喜肥，可经常喷磷酸二氢钾或兰花营养液。
酸碱性：微酸性，养兰花可用腐叶土，呈酸性。
温度：16~30℃，注意通风透气，不同品类，耐寒程度不同。

虎皮兰
光：比较耐阴，忌强光，放在客厅养护即可。
水：耐旱，夏天7~10天浇一次水。
肥：一般喜肥，可撒奥绿5号或奥绿A2在盆面。
酸碱性：中性，一般沙土、田园土都可以养。
温度：18~30℃，冬季低于10℃要断水保温。

图 7-1-2　植物养护信息收集和制作植物养护卡

操作建议

（1）合理使用纸张空间。对植物养护卡进行合理布局，要充分利用所提供的纸张，预留充足的信息记录空间，合理制作植物养护卡。

（2）对植物养护卡进行美化处理。要对植物养护卡进行美化处理，如剪出不同形状、使用不同颜色的彩笔增强色彩性、绘制简单图画进行装饰等。

任务四　认领校园植物，进行日常养护

具体步骤

步骤1　各小组结合实际情况，通过小组成员商议，确定认领1种校园植物进行日常养护。

步骤2　结合所学知识，制订合理的植物养护计划，对认领的植物进行定期养护并将养护信息记录在表7-1-2内。

表 7-1-2　植物养护信息记录

序号	养护日期	认领植物名称	养护内容	完成情况	养护人

操作建议

此任务为课后任务，在前三个任务完成的基础上，任课教师可以通过课堂小结的方式，将此任务布置给各小组，由各小组结合实际情况，利用业余时间开展日常植物养护工作。

展示分享与评价

成果展示

在所有小组都完成任务之后，由各小组派代表上台，将制作完成的植物信息统计表、植物记录卡和植物养护卡进行展示，并进行详细讲解。

互动评价

（1）成果展示完成后，任课教师对各小组的任务完成情况进行逐一点评，点评要明确各小组的优点和不足。

（2）对本项目的关键要素进行详细讲解，并组织各小组组长进行自评，自评完成后，师生共同填写活动评价表。

序号	评价内容	评价标准	自评	师评	得分（均值）	备注
1	劳动态度（20分）	积极参与（10分）				
		注重合作（10分）				
2	劳动安全（20分）	合理使用工具（10分）				
		遵守安全要求（10分）				
3	劳动过程（30分）	分工合理（10分）				
		讲究效率（10分）				
		氛围融洽（10分）				
4	成果展示（30分）	完成各项任务（10分）				
		流利介绍成果（10分）				
		成果有创新性（10分）				
	评价等级	优：90～100分　良：80～89分　中：70～79分　合格：60～69分　不合格：59分以下				
	综合评定	优□　良□　中□　合格□　不合格□				

1＋H资源：
树木、草坪及花卉的日常养护方法

1＋H资源：
国家生态环境治理相关资料

1＋H资源：
绿植养护技能：水培育苗养护

项目二　中国灯笼巧制作

随着科技与创意的融合，3D打印技术正悄然影响着我们的生活，并以其独特的逐层叠加原理和个性化定制能力改变着我们的生活方式。这种革命性的制造技术，不仅为工业生产带来了革新，也在人们的日常生活中发挥着越来越重要的作用。3D打印技术在制作中国灯笼中的精彩应用，实现了传统中式美学与现代设计的完美结合。

教学目标

· 知识目标：掌握3D打印原理，了解3D打印技术对科学创新的意义和价值。

· 能力目标：通过学习三维建模、3D打印机操作，熟练处理实践过程中遇到的技术问题，提升动手能力、观察能力和解决问题的能力。

· 素养目标：在小组合作的实践体验过程中形成并巩固团结合作、认真负责的劳动习惯；通过实践活动，培养勇于创新、勇于创造的劳动态度，以及精益求精、不断创新的劳动精神。

劳动实践

情境导入

案例1　在一个古色古香的中式庭院里，张爷爷正在为即将到来的元宵节准备灯笼。他的孙子小明则在一旁摆弄着一台3D打印机。张爷爷熟练地用竹篾和红纸制作着传统灯笼，而小明则用电脑设计了一款融合现代几何图案的灯笼模型。随着3D打印机嗡嗡作响，一个精致的镂空灯笼逐渐成型。张爷爷看着孙子的作品，既惊讶又欣慰："没想到老祖宗的手艺还能和新技术结合得这么好！"小明笑着说："爷爷，这就是传统与现代的融合！"

案例2　在某高校创意设计大赛上，同学们正忙碌地展示自己的作品。小李团队决定以"中国灯笼"为主题，利用3D打印技术制作一款独特的灯笼。他们设计了一款可调节亮度的智能灯笼，表面雕刻着精美的中国风纹样。当灯笼点亮时，光影透过镂空部分投射出梦幻的效果。这一设计吸引了众多评委和同学的目光。评委老师赞叹道："这不仅是对传统文化的致敬，更是科技与艺术的完美结合！"小李团队的作品最终获得了大赛的冠军。

思考

问题1 你认为利用 3D 打印技术制作的中国灯笼与传统工艺制作的中国灯笼相比，有哪些优势？

问题2 3D 打印技术如何满足人们对个性化产品的需求？

劳动准备

学习材料

3D 打印技术工作原理、应用场景等。

1＋H 资源：
3D 打印技术的工作原理

工具与材料

3D 打印机、三维建模软件及模型后处理工具等。

小组分工

明确成员角色分工，如项目经理、设计师、3D 打印机操作员等。

安全提示

（1）定期检查 3D 打印机的电线、插头和连接部件，确保没有损坏或裸露的电线，以防止触电或短路。

（2）选择适合的 3D 打印材料，确保材料环保、无毒。

（3）在打印过程中，避免直接触摸打印机的加热部件（如喷嘴）和高温区域，以防烫伤。

（4）打印过程中进行监控，及时发现并处理异常情况，如打印机故障、材料堵塞等。

（5）定期清洁打印机和工作环境，减少粉尘积累。

（6）使用后处理工具时，必须严格遵守工具的安全操作规程。

▶ 劳动实施

任务一　设计中国灯笼三维模型

　　根据小组讨论结果，由项目经理安排小组成员使用三维建模软件（3D One Plus）设计并绘制中国灯笼三维模型。在设计过程中要考虑灯笼造型美观，且能够具有基本使用功能。能适应 3D 打印技术的加工工艺。

● **具体步骤**

步骤1　打开 3D One Plus 软件，如图 7-2-1 所示。

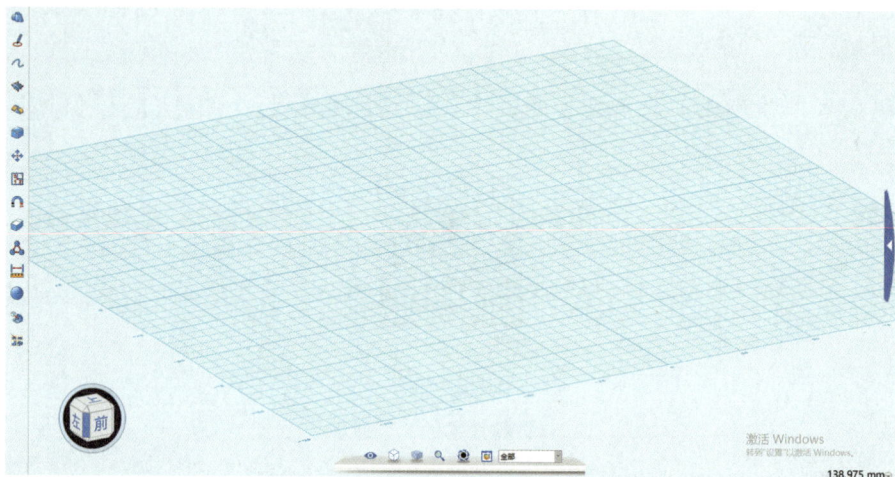

图 7-2-1　打开软件

步骤2　选择草图绘制中的圆形命令，半径输入 40，如图 7-2-2 所示。

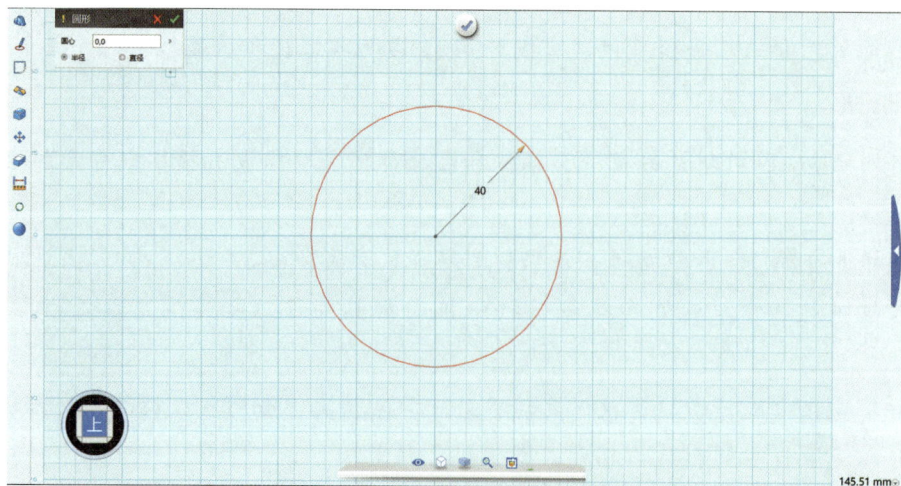

图 7-2-2　选择圆形命令，输入半径

完成草图后，利用拉伸命令，将草图高度拉伸为60，如图7-2-3所示。

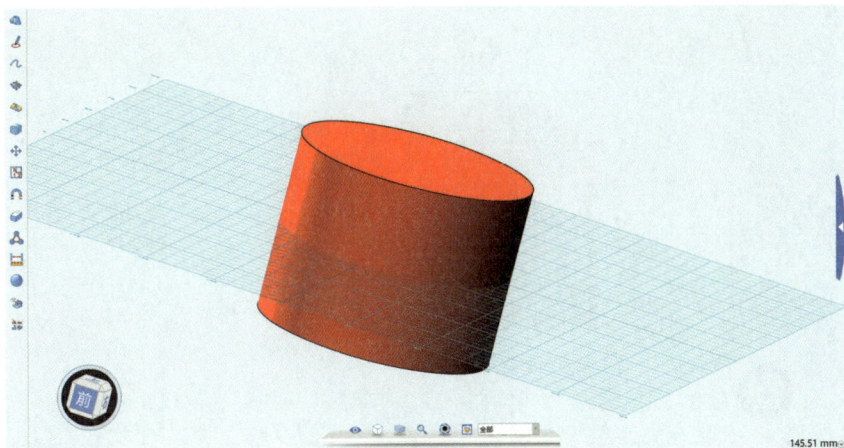

图 7-2-3　拉伸高度

步骤 3　利用插入基准面命令，创建草图平面，如图7-2-4所示。

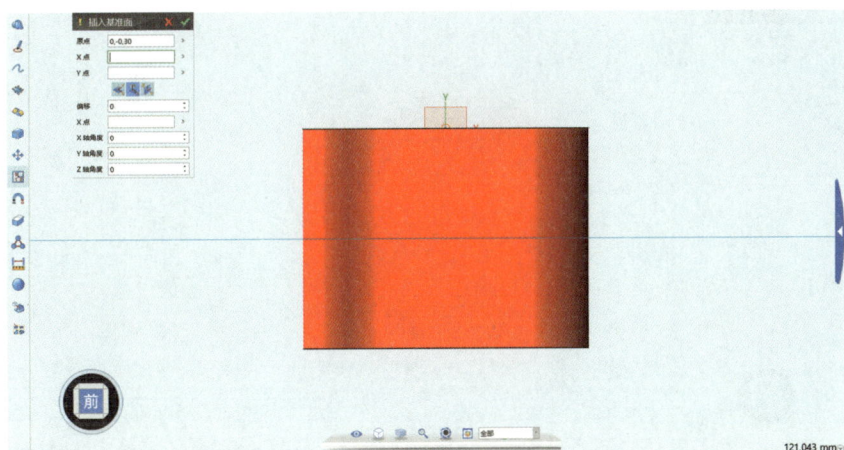

图 7-2-4　创建草图平面

步骤 4　在新建草图平面上，利用草图绘制中的多短线命令绘制图形，如图7-2-5所示。

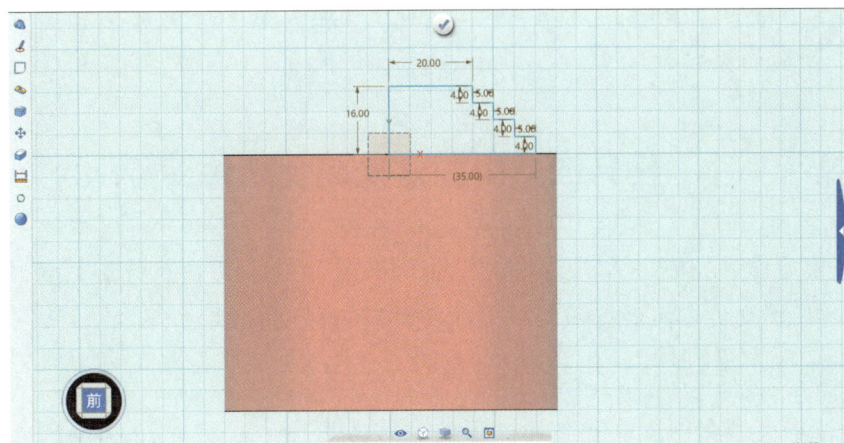

图 7-2-5　绘制图形

步骤5　利用特征建模中的旋转命令，与圆柱进行加运算，如图 7-2-6 所示。

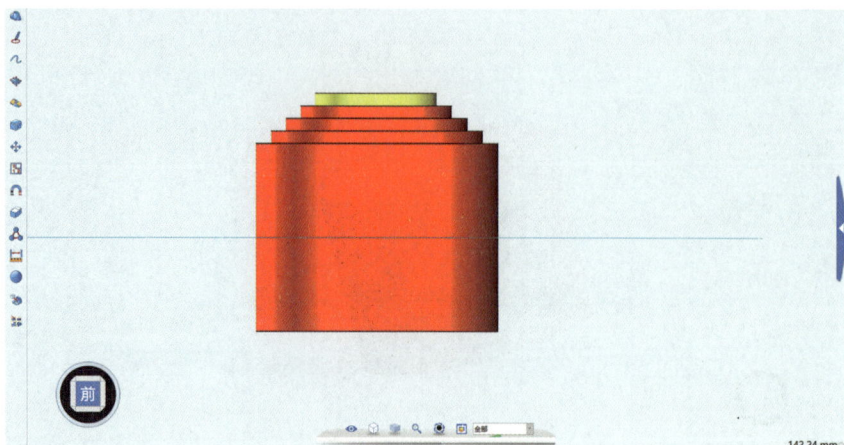

图 7-2-6　利用旋转命令进行加运算

步骤6　利用基本编辑中的镜像命令，完成另一侧的绘制，如图 7-2-7 所示。

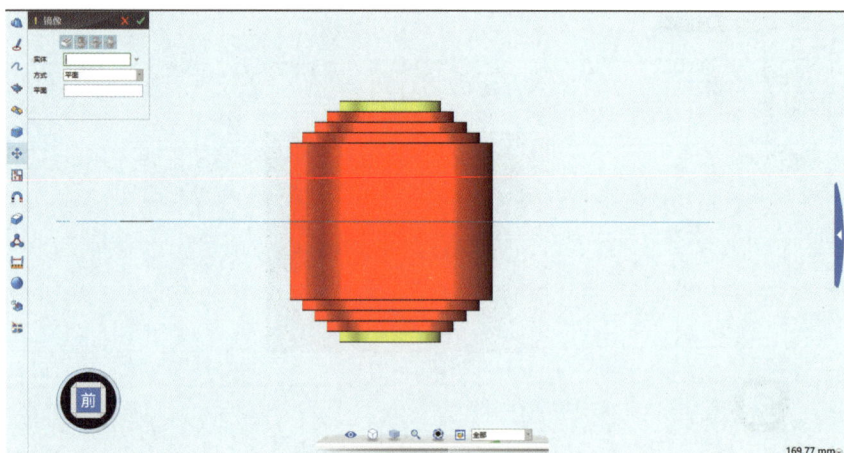

图 7-2-7　利用镜像命令完成另一半

步骤7　保存模型。选择"保存"命令，命名为"denglong"。

步骤8　导出模型。选择 3D One Plus 中的"导出"命令，导出为 STL 格式，命名为"denglong"。

任务二　中国灯笼模型切片

中国灯笼模型设计完成之后，要将导出的 STL 模型导入切片软件进行切片处理，使得 3D 打印机能够识别文件，然后按照每一层的文件进行逐层打印。

● 具体步骤

步骤1　读取模型文件。单击工具栏下的"载入"命令，将"denglong.stl"文件导入切片软件中，如图 7-2-8 所示。

图 7-2-8 导入文件

步骤2 调整模型位置,将其放置到底板正中间,如图 7-2-9 所示。

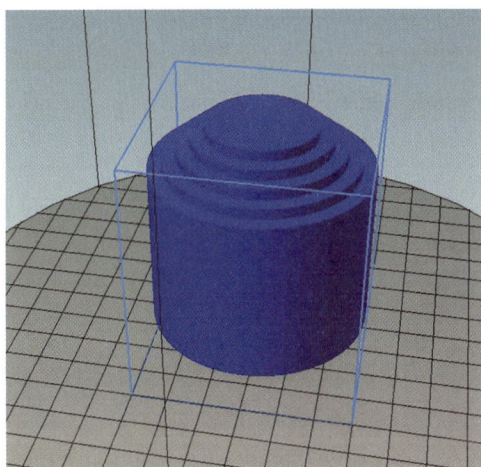

图 7-2-9 调整位置

步骤3 基本参数设置。在左侧"配置"栏中设置各种参数,如图 7-2-10 所示。

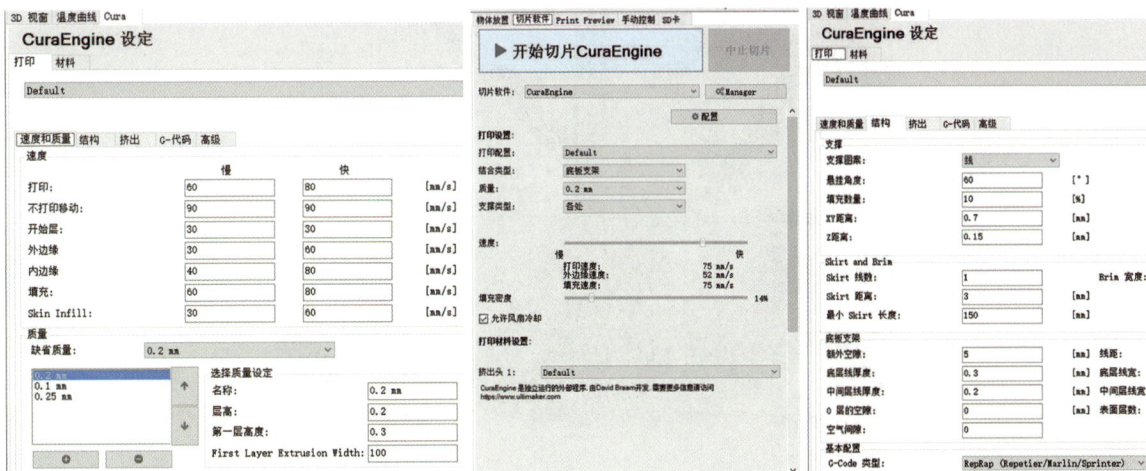

图 7-2-10 设置参数

步骤4 打印数据生成。打印参数设置完成后，单击"确定"按钮，切片软件开始对模型进行切片处理，并估算打印时间和消耗的耗材长度，如图7-2-11所示。

步骤5 保存GCode文件。点击"保存"按钮，设置保存位置后点击"保存"，完成中国灯笼的切片处理，如图7-2-12所示。

图7-2-11 切片软件估算打印时间和消耗的耗材长度等   图7-2-12 保存

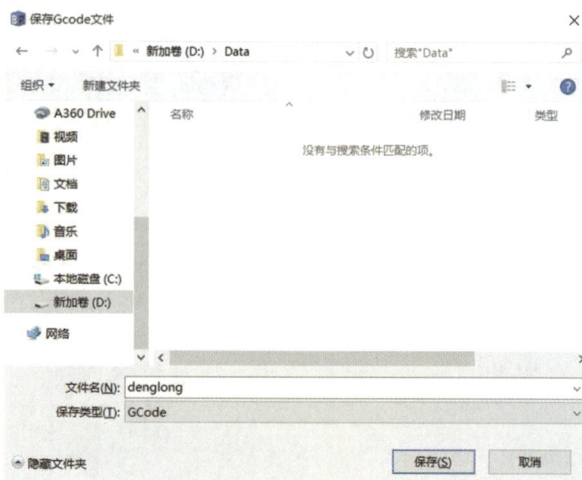

任务三 中国灯笼模型打印及模型后处理

🔵 **具体步骤**

步骤1 读取模型文件。开启3D打印机的电源，通过SD卡将切片文件拷贝导入设备。通过触摸屏选择"denglong.gcode"后，喷头开始升温。

步骤2 模型打印。当喷头温度达到打印温度210℃时，打印机的喷嘴和平台自动归位，在层片模型的驱动下，将耗材逐层叠加成实体，如图7-2-13所示。

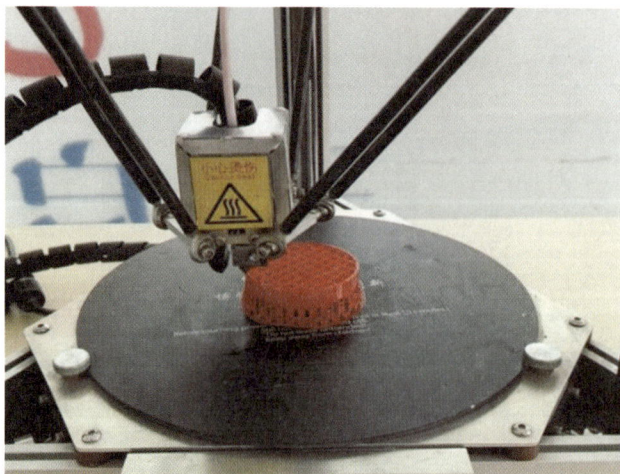

图7-2-13 模型打印

步骤 3 模型分离。打印完成后，在模型完全冷却前使用铲子等工具将其从成型板上移出。用铲子从一边撬松模型，然后慢慢将模型撬下，如图7-2-14所示。

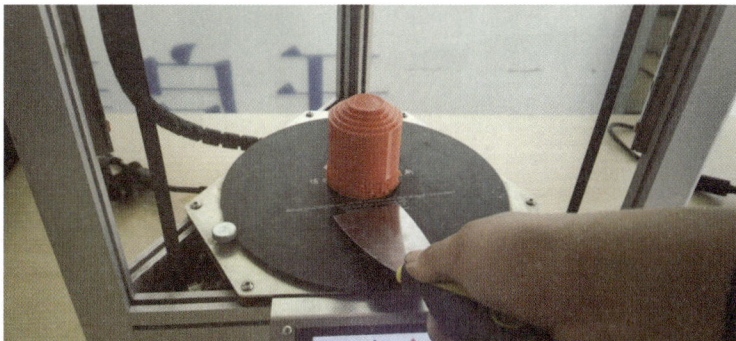

图 7-2-14 模型分离

步骤 4 模型后处理。打印完成的模型存在很多拉丝和毛边，需要使用模型钳、砂纸等工具对模型进行修整，如图7-2-15所示。

图 7-2-15 模型后处理

展示分享与评价

成果展示

（1）3D打印中国灯笼制作完成后，以小组为单位，展示工作计划表和汇报材料，要求尽可能详细叙述计划步骤。

（2）汇报期间，其他各组同学要认真倾听，并提出问题，由汇报小组成员进行解答。

互动评价

（1）成果展示完成后，任课教师逐一对各小组的3D打印中国灯笼完成情况进行点评。

（2）对本项目的关键要素进行讲解，并组织各小组组长进行自评，自评完成后，师生共同填写活动评价表。

序号	评价内容	评价标准	自评	师评	得分（均值）	备注
1	劳动态度（20分）	积极参与（10分）				
		细节控制（10分）				
2	劳动安全（20分）	遵守安全规程（10分）				
		做好安全防护（10分）				
3	劳动过程（30分）	分工明确（10分）				
		设计合理（10分）				
		讲究效率（10分）				
4	成果展示（30分）	汇报详细（10分）				
		合作意识（10分）				
		创新创意（10分）				
评价等级		优：90～100分　良：80～89分　中：70～79分　合格：60～69分 不合格：59分以下				
综合评定		优□　良□　中□　合格□　不合格□				

拓展资源

1＋H 资源：
3D 打印发展前景

1＋H 资源：
3D 打印技术的操作技巧

项目三　智能温控器我组装

　　智能温控产品是指能够通过智能技术自动调节和控制温度的设备或系统，其广泛应用于各种需要精确温度控制的场景。普通温控产品能够实现温度动态调整，当检测到温度低于阈值时，会启动加热程序；当检测到温度超过阈值时，会停止加热，实现温度的恒定控制。新型智能温控产品采用先进的人工智能调节算法，能够实现自整定和自适应功能，使温度测量精度更高，控制更加精确。

教学目标

· 知识目标：通过学习智能温控产品相关知识，了解智能温控器的工作原理和组成结构，更多地了解相关电子产品的生产方式。

· 技能目标：通过参与智能温控产品的组装活动，掌握电子产品的制作和装配的基本方法和技巧，能够独立完成简易电子产品的制作。

· 素养目标：形成热爱动手参与产品制作的思维模式，培养爱动脑筋解决问题的习惯，主动思考、积极了解工业产品的组装制作。

劳动实践

▶ 情境导入

天津市河西区小海地一位王大爷身患多种常见老年关节疾病，在每年的供暖开始之前和供暖结束之后，遇到阴冷或低温天气，他的膝关节就疼痛难忍。子女为王大爷购买了一款电热护膝，可以起到膝关节保暖作用，但是王大爷担心持续加热会造成温度过高烫到自己，所以犹豫着不敢使用。子女解释道，智能温控产品能够将温度限定在一定区间，不会烫伤的。在电热护膝的帮助下，王大爷不仅解决了寒冷疼痛的问题，而且生活起居、坐卧行走都方便了很多。

● 思考

问题1 你认为智能温控产品是如何将温度控制在一个区间内的呢？

问题2 你对智能温控器产品有了解吗？谈谈你认为智能温控产品还可以应用于生活中的哪些方面。

▶ 劳动准备

● 学习材料

1. 电阻发热原理

电阻发热的基本原理是电流通过电阻时会产生热量。当电流通过电阻时，电阻会阻碍电流的流动，这种阻碍作用会使得电能转化为热能，从而使电阻发热。这种现象被称为焦耳热，其数学表达式为 $Q = I^2Rt$。其中，Q 是产生的热量，I 是通过导体的电流，R 是导体的电阻，t 是电流通过导体的时间。

电阻发热广泛应用于各个领域。例如：在工业中，电阻发热可以用于熔化金属、干燥物料等；在家庭生活中，电阻发热常用于加热食物和提供热水。此外，电阻发热技术还可用于医疗设备中，如理疗仪器。

2. 电子测温原理

电子测温的原理主要包括以下几种。

（1）热电效应原理：热电效应是指在两种不同金属导体交接处形成热电动势。根据热电效应的原理，人们可以制造出热电偶和热电阻等传感器来测量温度。

（2）热敏电阻原理：热敏电阻材料是指电阻值随温度变化的材料。常见的热敏电阻材料有铂、镍、铜等。热敏电阻的电阻值与温度之间存在一定的函数关系，可以通过测量电阻的变化来测量温度。通常使用桥式电路来测量电阻值的变化，进而得到温度。

（3）红外温度检测：红外热像仪利用物体的红外辐射与温度成正比的关系，通过测量红外辐射的强度来反推物体的温度。

3. 电子温控原理

电子温控器的工作原理涉及温度感知、信号转换和控制反馈等。温度感知是通过温度传感器来实现的。这些传感器能够感知环境温度，并将其转化为电信号。信号转换是指将传感器输出的模拟电信号转换为数字信号，以方便传输和处理。控制反馈是将数字信号与设定的温度进行比较，并根据比较结果来调整加热设备的工作状态，以维持温度的稳定。

🔵 工具材料

1. 制作工具

（1）电烙铁：这是电子制作和电器维修的必备工具，主要用途是焊接元件及导线。

（2）剥线钳：这是一种专门用来裁断导线和剥去电线外皮的工具。

（3）镊子：在焊接过程中，镊子是一种不可或缺的工具。除了用于夹持焊接元器件的管脚外，镊子还能更好地操作和固定元器件以保持稳定。

（4）焊锡丝：焊锡丝是用于电路焊接的重要焊料，可以将电子元器件固定在电路板上。

（5）其他工具：如烙铁架、擦烙铁棉、吸锡器、护目镜、防静电手环等，可以酌情选用。

2. 制作原材料

（1）包含所有电子元件的智能暖手宝组装套件。

（2）电子仪器仪表（用于产品调试）。

🔵 安全提示

（1）选择正确的电烙铁：使用功率为 15～35 瓦的电烙铁，避免使用大功率的电烙铁，以免损坏电子元器件。

（2）注意焊接时间：每个焊点将焊接时间控制在 3 秒以内，避免焊接时间过长或过短，确保焊点质量。

（3）使用防护装备：在进行焊接时，务必使用防护眼镜等防护用品，以防飞溅的焊锡丝烫伤皮肤或眼睛。

（4）保持通风：焊接过程中会产生松香烟雾，要确保工作区域通风良好。

（5）安全用电：操作时，注意用电安全，避免在潮湿或有水的地方进行焊接，防止触电等安全事故的发生。

劳动实施

任务一　重要电子元器件的检测

智能温控器由电热片、温度传感器、电路主板等部分构成。其中，电热片是设备的加热器件，温度传感器用于检测当前的实时温度，电路主板则用于统一控制电热片和温度传感器的工作，最终实现温度恒定控制的目的。

● 具体步骤

步骤1　测试电热片阻值。电热片是一种新兴的电热产品，相较于传统的金属电热产品，电热片在加热时更能紧密贴合在被加热物体的表面，是一种软性可弯曲的薄膜状电热器件。电热片可以根据加热设备的结构来定制外形，常见的电热片如图 7-3-1 所示。

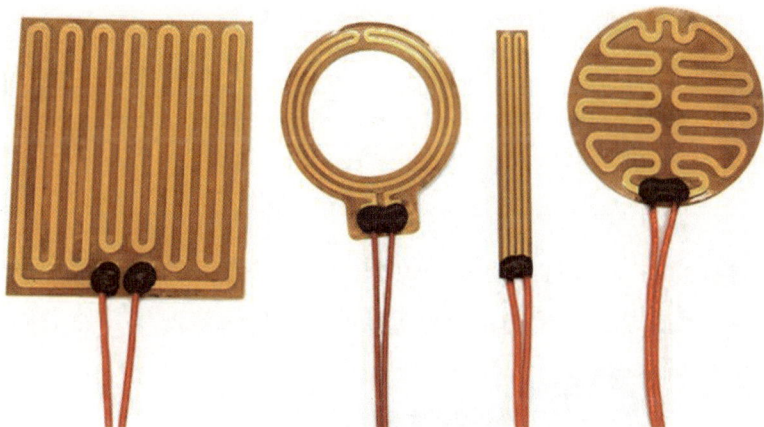

图 7-3-1　常见的电热片

对于电热片的测试，主要是指测试电热片的阻值。如果电热片的阻值有较大偏差，则会在加热过程中导致电路板出现故障，最终损坏设备。测试时只需要利用常规万用表来测试一下电热片的阻值即可。不同电热片的阻值不同，在本设计中，采用 10 Ω 阻值的电热片。

按以下步骤测量电热片的阻值。

（1）将万用表置于电阻挡，并选择较小的量程。

（2）将万用表的两个测试针头分别连接加热片的两个接线端口。

（3）记录万用表显示的电阻值，并将这个值与加热片使用时的电阻值进行比较，判断测试阻值是否接近 10 Ω。

步骤 2　测试温度传感器。温度传感器是用来检测环境温度的一种器件，通常有多种实现方式，其中，最常见的是热敏电阻，如图 7-3-2 所示。热敏电阻器是一种对温度非常敏感的元件，其电阻值随温度的变化而变化。

在本设计中使用的 PT100 是一种铂热电阻，它的阻值跟温度的变化成正比。用万用表测得其阻值，当温度为 0℃时，PT100 的阻值为 100 Ω；当温度达到 20℃时，它的电阻为 107.79 Ω；当温度为 100℃时，它的阻值约为 138.5 Ω。

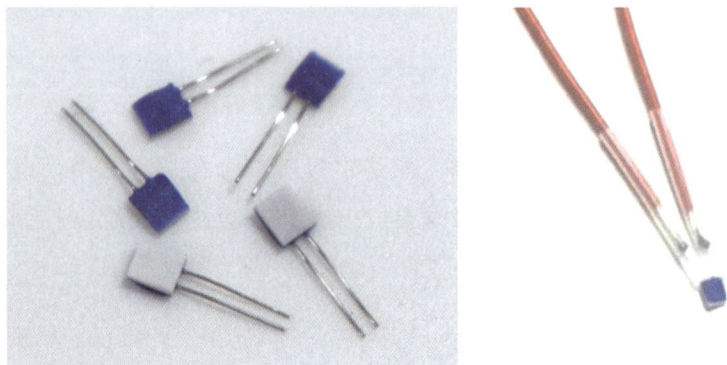

图 7-3-2　热敏电阻

在测量时，如果环境温度低于 30℃，可以通过手动加热，观察其电阻值是否随之增加，以此来判断其是否正常工作。测试时，还可以对照如表 7-3-1 所示的分度表来判断阻值是否正确。

表 7-3-1　分度表

温度值/℃	0	5	10	15	20	25
电阻值/Ω	100.00	101.95	103.90	105.85	107.79	109.73

步骤 3　电路板检测。通过目测的方式，检查电路板表面是否完整，有无破损污垢，元件焊接是否完整，有无虚焊、漏焊或者较为明显的元件损坏情况等，如图 7-3-3 所示。

图 7-3-3　检查电路板

任务二　电路板与外部元件的焊接

本次任务要求是将电路主板与电热片和温度传感器进行焊接组装，按照电路板上的位置标号，将其准确地焊接在电路板上，同时注意焊接的牢固、美观。

● **具体步骤**

步骤1　准备材料、选择作业环境。准备好所需的电路板、加热片、热敏电阻、电烙铁、焊锡丝、焊台、焊锡膏、镊子、斜口钳等工具，选择一个通风良好、温度适宜、光线充足的工作环境。

步骤2　清洁电路板。使用酒精或清洁剂清洁焊点上的灰尘和油污，确保焊接时焊锡能够均匀附着在电路板上。

步骤3　电热片焊接（见图7-3-4）。找到电热片的焊接位置，在焊点上先涂一层焊锡，将元件引脚贴合后进行焊接。如果有必要，可以用镊子轻轻压住元件引脚，以确保焊接质量，但要注意焊接时间不宜过长，以免烫伤。

电路主板与电热片的连接是通过直接焊接的方法实现的。电热片没有极性，不会焊反，找到电热片的对应焊盘后将两个引线分别焊接在两个焊盘即可。

步骤4　温度传感器焊接。首先找到热敏电阻的焊接位置，焊接方式同步骤3。温度传感器采用一个热敏电阻，电

图 7-3-4　电热片焊接

路主板与温度传感器的连接是通过直接焊接的方式实现的。热敏电阻没有极性，不会焊反，找到热敏电阻的对应焊盘后将两个引线分别焊接在两个焊盘即可。

● **操作建议**

焊接时要注意控制电烙铁温度，电烙铁通电后，待其温度稳定后再进行焊接。焊接完成后，使用吸锡器清理多余的焊锡，以保持电路板的清洁。

任务三　智能温控器的外壳组装

● **具体步骤**

步骤1　检查外壳。在组装智能温控器的外壳之前，要先检查外壳里各部件的安装位置和方向，螺丝孔与电路板等部件的配合方式，通过分析确定安装顺序。

步骤2　安装电路板。将电路板放入外壳内指定位置，然后将螺丝放入螺丝孔中加以固定。

步骤3　粘贴电热片。将一面带胶的电热片粘贴到智能温控器加热面指定位置。粘贴后，电热片和电路主板的连接线要自然连接，禁止折、拧、挤等情况发生。

步骤 4 粘贴热敏电阻。将热敏电阻放置在加热面内侧，并用胶固定好。与步骤 3 相同，注意粘贴后，电热片和电路主板的连接线要自然连接，禁止折、拧、挤等情况发生。

展示分享与评价

成果展示

（1）所有任务完成后，各小组分别上电测试、验证智能温控器的加热效果、温控效果，然后统一汇总给任课教师。

（2）任课教师收集齐各组上交的装配成果后，在教室内分别进行展示和介绍。展示时，各小组组长上台介绍各自在装配过程中的心得体会。

互动评价

（1）成果展示完成后，任课教师逐一对各小组的装配任务完成情况进行点评，并对装配过程中出现的问题予以分析和解答。

（2）对本项目的关键要素进行讲解，并组织各小组组长进行自评，自评完成后，师生共同填写活动评价表。

序号	评价内容	评价标准	自评	师评	得分（均值）	备注
1	劳动态度（20分）	积极参与（10分）				
		细节控制（10分）				
2	劳动安全（20分）	遵守安全规程（10分）				
		做好安全防护（10分）				
3	劳动过程（30分）	分工合理（10分）				
		操作规范（10分）				
		完成准确（10分）				
4	成果展示（30分）	焊点完整（10分）				
		装配正确（10分）				
		创新创意（10分）				
	评价等级	优：90～100分　良：80～89分　中：70～79分　合格：60～69分 不合格：59分以下				
	综合评定	优□　良□　中□　合格□　不合格□				

拓展资源

1十H资源：
暖手宝拆解

第八单元

"服务性劳动+"实践

项目一　我是宿舍"快递员"

近年来，我国快递市场发展迅速，具体包括市场规模持续扩大、农村快递网络进一步完善、智能化和自动化加速、绿色物流成为行业重点、跨境快递业务增长迅速、行业竞争加剧、政策支持与监管加强、消费者体验提升等。快递在人们日常生活中发挥着越来越重要的作用。

教学目标

• 知识目标：通过对快递行业相关知识的学习，增加对快递行业的了解，了解邮寄快递和领取快递的注意事项。

• 技能目标：通过参与本项目设计的实践活动，学习快递处理流程，掌握快递配送的基本流程和操作技能，提高自我管理能力和组织协调能力。

• 素养目标：通过对快递员这一职业的了解和体验，懂得快递员的辛苦与不易，形成尊重劳动、崇尚劳动的价值观，养成为同伴提供服务的意识。

劳动实践

❱❱ 情境导入

案例1 据统计，2023年中国快递业务量累计完成1320.7亿件，同比增长19.4％，业务量连续10年位居世界第一。快递业不仅连接着供给端和消费端，还通过"快递进村""快递出海"等项目，助力工业品下乡、农产品进城，促进了国际贸易和当地物流业的发展。同时，快递业的快速发展也带动了相关技术的进步和创新，如智能化分拣系统、无人机配送等，进一步提升了快递服务质量和效率。

案例2 羊杰毕业于安徽水利水电职业技术学院物流专业，目前是安徽省池州市贵池区圆通速递的一名快递员。他在快递岗位工作了14年，每天都要工作十几个小时。为了提升业务技能，羊杰始终坚持学习，即使白天工作再繁重，晚上也会自学相关理论知识，研究如何在最短的时间内设计出最优快递线路、如何包装复杂物品、如何高效使用智能快件箱、如何操作无人驾驶快递车等。2024年，羊杰荣获"全国五一劳动奖章"。谈到劳模精神，羊杰说："我觉得劳模精神就是一种锲而不舍、脚踏实地的钻研精神，我们不管在任何行业从事任何工作，都要有钻研的精神，千万不能好高骛远，要干一行爱一行精一行。"

● 思考

问题1 通过对案例1的学习，请同学们说一说快递行业为我们的日常生活带来了哪些便利。

问题2 通过对案例2的学习，请同学们谈一谈羊杰的经历对你有什么启发。

❱❱ 劳动准备

● 学习材料

1. 收取快递需要注意的事项

（1）核对收件信息。收取快递时，要对收件信息进行仔细核对，确认是自己的快递之后方可收取，避免拿错、误领情况的发生。

（2）检查包裹外观。收到包裹后，要当着快递员的面检查包裹外观，查看是否有破损、湿烂等情况。如果发现问题，应立即和快递员沟通并开箱检查。

（3）核对包裹数量。确认快递员交来的货物与自己订购的数量是否一致，如有问题，应及时和快递员沟通并及时联系商家。

（4）认真核对物品。收到包裹后应认真核对包裹内物品的数量和质量，如发现问题，应及时与商家联系解决。

（5）妥善保管包裹。要妥善保管包裹，以免货物受损或丢失。同时应注意保存包装袋上的快递单，以备快递单号查询之需。

（6）拍照存证。在检查确认所有货品完好、数量正确的情况下，可拍照存证，以备后续可能出现的商品维权之需。

2. 邮寄快递需要注意的事项

（1）确保邮寄信息真实准确。寄件人需要实名制办理邮寄业务，确保收货人的姓名、电话、地址等信息准确无误，避免包裹无法配送或送错地址。

（2）选择合适的包装。根据货物性质和大小，选择合适的包装方式，避免过度包装导致浪费。包装应具有较强的密封性，防止货物在运输过程中受损。对于易碎或易损坏的物品，建议使用防震材料包装。

（3）支付快递费用。邮寄快递时，快递公司会根据货物重量、目的地等因素计算运费，注意选择合适的快递方式和支付方式。

（4）注意禁寄物品。了解快递公司的禁寄物品规定，不要寄送违禁品，否则可能导致快递被退回或销毁。

（5）明确保价问题。如果寄送的物品价值较高，可以选择购买快递公司的保价服务，以确保在运输过程中出现物品损坏或丢失时得到相应赔偿。

（6）邮寄大件物品。如果邮寄大件物品，建议选择物流公司而不是快递，因为物流通常更便宜且适合大件物品的运输。

工具材料

（1）各种虚拟信息：寄件信息、收件信息、物品信息。

（2）快递纸盒：用于包装快递。

（3）标签纸：用于张贴在快递盒外部，明确邮寄物品信息。

（4）胶带和剪刀：用于打包、密封快递。

（5）卷尺和电子秤：用于测量物品的体积和重量。

小组分工

以小组为单位开展"我是宿舍'快递员'"实践活动。教师可以把班内同学分为若干小组，每组4～5人。各小组包括调度员、打包员、分拣员和投递员四种角色。

（1）调度员：负责对本小组的快递揽收、快递打包、快递分拣、快递投递等各环节进行监督管理和协调，最大限度地调动本小组人员的积极性，确保各环节配合顺畅。

（2）打包员：负责按照快递物品信息，使用正确的打包方式对快递进行合理打包，正确填写快递面单，核实邮寄快递人员的身份信息，确保实名制邮寄，不受理违禁物品的邮寄业务。

（3）分拣员：负责对本小组需要投递的快递进行分类，将投递信息进行汇总，并通过专用管理系统进行上报；按一定的方式将快递包裹进行分类、集中，合理码放。

（4）投递员：负责按照派送信息，制定合理的投递方案，优化快递派送路线，提高快递派送效率。同时，注意快递包裹的妥善保管，避免包装破损、物品损坏等情况的发生。

● 操作建议

（1）在布置任务时，教师可以为各小组分配一个快递公司名称，也可由各小组自行拟定本小组的快递公司名称，增强实践环节的互动性。

（2）在课前准备环节，教师需要收集一定数量的快递盒，确保每个小组有5～10个快递盒可用。

（3）教师需要提前准备虚拟快递的寄件人信息和物品信息等，并将相关信息汇总到电脑内。上课时，各小组可以结合电脑提供的虚拟快递信息，开展快递分拣、投递等实践活动。虚拟快递信息应包括物品名称、数量、尺寸、重量、寄件人信息、收件人信息、特殊情况备注等。

（4）提前准备空白的虚拟快递面单，在开展实践活动时，将打印出来的快递面单发给各小组备用。虚拟快递面单可以参考真实快递面单的体例进行设计，保留关键信息，简化其他信息。

● 安全提示

（1）实际生活中填写快递单时，要注意保护个人信息和隐私。在签收快递后，为避免信息外泄，可以将快递面单涂黑，并妥善处理。

（2）在实践活动中应注意消防安全。不管是快递包裹的存储环节，还是快递包裹的邮寄、派送等环节，消防安全问题始终不容忽视。

▶ 劳动实施

任务一 打包快递，填写快递面单

● 具体步骤

步骤1 各小组共同商议之后，从虚拟快递物品清单中挑选5～10种快递物品。虚拟快递物品应选择不同的种类，供本小组在实践活动中使用。

步骤2 打包员根据虚拟快递物品的种类特点和尺寸，选择合适的快递盒进行打包。调度员可以组织小组其他成员帮助打包员一起进行快递打包，以提高小组工作效率。

下面简要介绍不同物品的打包方法。

（1）对于易碎物品，如酒瓶、马克杯、碗碟等，可以使用专用泡沫箱、充气泡沫袋或废纸揉皱后进行包裹，并用绳子或胶带扎紧。单个器皿间需要进行隔垫，并在外包装显著位置标明"易碎品"。具体如图8-1-1所示。

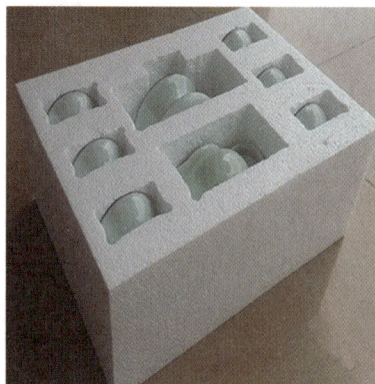

图 8-1-1　易碎物品打包

（2）对于怕湿物品，如书籍、衣物等，先用塑料袋封装一次，再与其他物品整体打包，封口要注意密封，可以用塑料胶带多封几次。同时在箱子上标明"防湿防潮"等。具体如图 8-1-2 所示。

图 8-1-2　怕湿物品打包

（3）对于怕压物品，如饼干、化妆品等，先用专用袋包装，再用胶带缠紧，可以用泡沫、气泡膜等填充空隙，然后用胶带封好，最后在箱子上标明"勿压"等。具体如图 8-1-3 所示。

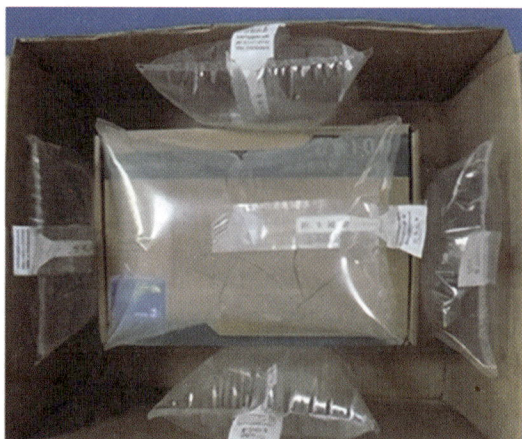

图 8-1-3　怕压物品打包

（4）对于贵重物品，如笔记本电脑等，可以用气泡膜包裹，用硬纸板固定在箱子里，然后用胶带封好箱子，并在箱子上标明"贵重物品小心轻放"等。具体如图8-1-4所示。

图 8-1-4　贵重物品打包

步骤3　填写快递面单，计算快递费用。在验视快递物品并揽收打包后，各小组要填写快递面单。小组长指导组内各成员每人挑选1件虚拟快递物品，将相应的信息填入快递面单内，并计算快递费用。

● 操作建议

（1）各小组要按照填写规范填写快递面单，确保信息准确、字迹清晰工整。教师提前准备若干个校园内的收件地址供各小组填写。

（2）在选择快递计费方式时，如果包裹体积大而实际重量轻，则按照体积计费。除此之外，按照重量计费，包裹重量包含物品重量和快递包装盒重量。

任务二　分拣快递，分类信息

分拣快递是将快递包裹按种类、出入库先后顺序进行分门别类的堆放作业，这是送货的准备性工作，也是快递公司内部处理快递包裹过程中的一道重要工序。

● 具体步骤

步骤1　对快递包裹进行收集和登记。分拣员收集本小组内的快递包裹，并对其进行分拣登记，记录相关信息，如物品名称、收件人、重量、体积等，将分拣信息填入表8-1-1所示的分拣信息统计表内。

表 8-1-1　分拣信息统计表

序号	物品名称	重量	体积	收件人	目的地（省、市）	目的地（行政区）	目的地（街道）	目的地（小区名称、门牌号）	备注

步骤 2　对快递包裹进行预分拣。根据快递包裹的不同目的地，进行初步分拣。这一步通常是按照省份或城市对同一省份或城市的快递包裹进行归类处理。在本任务中，由于收件地址为校内，上表中的行政区、街道、小区名称等可分别用校区名称、校园道路名称、楼栋名称代替。

步骤 3　对快递包裹进行正式分拣。在预分拣的基础上，按照具体城市、配送网点区域分布等对快递包裹进行更细致的分拣，以提高后续运输和投递的效率。

步骤 4　制订运输计划。结合小组制作的快递包裹信息，制订快递运输计划，具体包括运输方式、运输时间以及运输路线设计等。

任务三　投递快递，优化运输路线

● 具体步骤

步骤 1　根据快递包裹信息，进行快递投递路线设计和投递时间安排。将包裹按照投递目的地进行编号排序，以提高投递效率。

步骤 2　按照确定的快递投递顺序进行投递，明确标注每一个快递的投递次序，确保收件人能及时收到快递包裹。

步骤 3　投递员在完成快递包裹投递后，应及时记录投递信息，包括投递时间、收件人签字、异常情况备注等。

展示分享与评价

▶ 成果展示

所有小组完成任务之后，各组派代表上台展示本小组实践活动的成果，包括快递包装展示、快递投递方案讲解、实际投递用时分享等。

》 互动评价

（1）成果展示完成后，任课教师对各小组的任务完成情况进行逐一点评，并对投递效率进行排名。

（2）教师对本项目的关键要素进行详细讲解，并组织各小组成员进行自评，师生共同完成活动评价表。

序号	评价内容	评价标准	自评	师评	得分（均值）	备注
1	劳动态度（20分）	积极参与（10分）				
		注重合作（10分）				
2	劳动安全（20分）	合理使用工具（10分）				
		遵守安全要求（10分）				
3	劳动过程（30分）	分工合理（10分）				
		讲究效率（10分）				
		氛围融洽（10分）				
4	成果展示（30分）	完成各项任务（10分）				
		流利介绍成果（10分）				
		成果有创新性（10分）				
评价等级		优：90～100分 良：80～89分 中：70～79分 合格：60～69分 不合格：59分以下				
综合评定		优□ 良□ 中□ 合格□ 不合格□				

拓展资源

1＋H资源：
快递面单填写和快递费用计算

1＋H资源：
快递行业中的"黑科技"

项目二　家乡旅游做攻略

　　家乡不仅是我们成长的摇篮，更是我们精神的归宿，值得我们用一生去守护与传承。在这一项目里，我们要制作一份家乡旅游攻略，当一次家乡导游，把家乡的风土人情、山水风景和传统文化展示给大家，让更多的人了解我们的家乡、热爱我们的家乡。

教学目标

　　· 知识目标：通过收集与家乡相关的信息，进一步掌握家乡的人文地理知识，增强对家乡的了解。

　　· 技能目标：通过参与家乡旅游攻略制作活动，在实践中培养制作旅游攻略的能力；通过模拟体验旅游规划师职业，培养结合旅游攻略材料进行讲解的能力。

　　· 素养目标：在制作旅游功力的劳动实践活动中增强民族认同感，增进对家乡的热爱，树立建设家乡的志向。

劳动实践

情境导入

　　案例1　2024年4月，抖音生活服务发布的《抖音2024乡村文旅数据报告》显示，过去一年，抖音新增乡村内容数超10.9亿个，播放量近2.8万亿次。抖音上的乡村文旅打卡点超17万个，打卡内容（乡村景点打卡数）7286万个。"直播＋文旅"这一模式使得乡土文化在更广阔的空间内被看见、被关注，成为当地旅游发展的重要突破口，也为农产品销售带来了流量、打开了市场、拓宽了渠道。

　　案例2　旅游规划师是旅游行业中的重要职业之一，他们负责为旅游者提供旅游方案，包括旅游路线、交通、住宿、餐饮、景点介绍等。旅游规划师需要具备一定的旅游知识和技能，以及良好的沟通能力和服务意识，他们根据客户需求和预算为其量身定制旅游计划，提供个性化的旅游服务。

● 思考

问题1 请结合案例1谈一谈网络直播在拉动旅游消费中是如何发挥作用的，并联系实际想一想网络直播需要注意哪些问题。

问题2 请结合案例2所描述的内容，谈谈你对旅游规划师职业的理解。

劳动准备

● 学习材料

利用智能搜索工具，整理旅游攻略制作的相关技能以及旅游规划师职业介绍的相关材料。

● 工具材料

（1）电脑：通过电脑查询家乡的代表性照片，设计旅游攻略，并制作PPT，完成家乡展示作品。

（2）中国行政区划图：提前准备中国行政区划图。在教学环节，教师可以通过中国行政区划图向学生进行展示和示范；在展示环节，学生可以借助中国行政区划图对家乡进行简要描述。

1＋H资源：
旅游规划师

（3）A4白纸：用于各组进行家乡描述、设计家乡旅游攻略方案。

● 小组分工

以小组为单位开展"家乡旅游做攻略"实践活动。教师按照4人一组的模式，将全班同学分为若干小组。各小组需要指定小组长1人、家乡观察员1人、家乡调研员1人、旅游规划师1人。分组完成后，可以由组内成员通过协商完成以上4种角色的分配，也可以通过任课教师指定的方式完成角色分配。

（1）小组长：负责组织小组成员共同完成家乡旅游攻略的设计、PPT的制作，在活动过程中调动小组成员的积极性，维持小组的课堂纪律，对出现的问题进行协调和解决，还要协助旅游规划师完成家乡旅游攻略的制作任务。

（2）家乡观察员：负责按照给出的描述模板，通过查阅相关信息，结合自己所在家乡的实际情况，完成任务一相关任务，并指导小组其他成员完成任务一，还要协助家乡调研员制作PPT。

（3）家乡调研员：在完成任务一的基础上，通过收集家乡的详细信息和代表性照片，完成家乡文旅信息一览表的填写，并在此基础上制作家乡展示PPT，还要代表本小组进行家乡PPT展示。

（4）旅游规划师：在完成任务一的基础上，完成家乡文旅信息一览表的填写，并结合旅游规划方案编写的相关知识，制作一份家乡旅游攻略，还要代表本小组进行家乡旅游攻略的讲解。

🔵 **安全提示**

在进行家乡旅游攻略制作时，需要在攻略内加入以下安全注意事项，以便对游客进行安全提醒。

（1）注意财物安全。

（2）留意自身身体健康状况。

（3）尊重当地风俗习惯。

▶ 劳动实施

任务一 寻找我的家乡

🔵 **具体步骤**

步骤1 学习如何查看中国行政区划图，在地图上找到自己的家乡并进行标记。

步骤2 按照查阅地图的方法，用规范的语言和适当的比喻，描述自己的家乡。例如：我的家乡在地图的西北方向，属于新疆维吾尔自治区，是被誉为"边疆明珠"的乌鲁木齐市，我的家就在乌鲁木齐市水磨沟区。

🔵 **操作建议**

在开展任务一相关活动时，任课教师要明确要求小组所有人员都参与，每位同学都要用规定的描述方式将自己的家乡进行简要描述。

任务二 了解我的家乡

通过进一步查询和收集家乡的相关信息，对自己的家乡有更加深入的认识，更加全面生动地对家乡进行展示和介绍。

🔵 **具体步骤**

步骤1 通过手机或电脑收集家乡的相关信息，具体包括地理位置、自然风光和人文景观、饮食和物产、历史文化、风俗习惯以及发展现状。

（1）地理位置：描述家乡在地图上的具体位置，可结合任务一内的实践成果进行展示。

（2）自然风光和人文景观：介绍家乡的自然风光，如山川、河流、溪谷等独特景观；同时，可以描述家乡的人文景观，如历史遗迹、民俗活动等。这些都能展现家乡的独特魅力。

（3）饮食和物产：通过介绍家乡的美食和特产，让大家感受到家乡的独特风味和文化。

（4）历史文化：介绍家乡的历史背景、文化传统以及著名的历史人物或事件。这不仅能展现家乡的历史底蕴，还能彰显家乡的文化传承。

（5）风俗习惯：描述家乡独特的风俗习惯，这些习俗往往能鲜明地展现出地方特色，传递出家乡的文化和精神。

（6）发展现状：介绍家乡如今的面貌，包括人口数量和经济发展、城市建设等方面的变化，展现家乡的现代化进程。

步骤 2 制作家乡文旅信息一览表，将查询到的相关信息填入家乡文旅信息一览表（见表 8-2-1），让大家更加快速准确地了解自己的家乡。

表 8-2-1 家乡文旅信息一览表

序号	项目	详细介绍
1	地理位置	
2	历史文化	
3	人口数量	
4	著名景点	
5	特色美食	
6	当地特产	
7	风俗习惯	
8	发展现状	

步骤 3 结合步骤 2 的相关信息，收集具有代表性的家乡照片，按照家乡文旅信息一览表的顺序制作介绍家乡的 PPT。

步骤 4 将制作好的 PPT 作品在小组内进行展示交流，在此过程中，对本小组作品进行优化和调整。

● **操作建议**

（1）在开展此项任务时，所有人都要完成家乡文旅信息一览表的填写。

（2）各组由家乡观察员和家乡调研员共同配合完成家乡 PPT 的制作。

任务三　制作家乡旅游攻略

具体步骤

步骤1　收集整理制作家乡旅游攻略所需的相关参考信息，具体包括以下几点。

（1）选择合适的旅游地点。选择家乡的主要景点，确保这些景点能够彰显家乡的特色和魅力。

（2）规划旅游路线。设计一条合理的路线，确保游客能够顺畅地游览所有景点。路线设计应考虑交通状况和景点之间的距离，避免过多的步行或长时间的等待。

（3）进行时间规划。合理的时间安排是提升旅游满意度的关键，对每个景点的游览时间进行合理安排，确保游客能够在规划时间完成旅游攻略内所有景点的游览。

（4）明确活动安排。明确每一个景点的活动安排，如观光游览、乘坐缆车、漂流活动等，增强游客的参与感和体验感，提升游客对旅游活动的期待。

（5）制订安全保障计划。确保旅游过程中的安全措施到位，包括交通、饮食、游玩等方面的安全。可以提前进行安全培训，确保每位游客都了解安全注意事项。

步骤2　制作家乡旅游攻略一览表，将相关设计信息细化后填入表 8-2-2。

表 8-2-2　详细的家乡旅游攻略一览表

天数	景点名称	交通方式	到达时间	游玩时长	特色活动	离开时间	预算费用	安全提示
第 1 天								
第 2 天								
第 3 天								
第 4 天								
第 5 天								
第 6 天								
第 7 天								

步骤3　组织小组成员对家乡旅游攻略进行介绍，在介绍的过程中，对旅游攻略进行优化调整。

操作建议

（1）在设计家乡旅游攻略时，安排每天游玩 2~3 个景点最为合适，这样既能保证每个景点有足够的游览时间，又能避免疲劳和紧张的行程安排。

（2）设计的旅游攻略游玩时间应不少于 2 天，旅游攻略内的景点应具有代表性，尽可能全面体现家乡的特色。

（3）旅游攻略的内容要简洁明了，避免冗长文字，以便游客可以快速了解重要信息。此外，提供的信息包括景点名称、交通路线、时间和特色活动等，应当准确可靠。

（4）旅游攻略可以提供一些灵活的建议，以便游客根据自己的需求进行个性化调整和安排，如推荐几个可选的行程安排，方便游客根据自己的时间和兴趣进行选择。

（5）此项任务与任务二同步进行，在完成家乡文旅信息一览表的填写任务之后，由小组长协助旅游规划师完成家乡旅游攻略的制作任务。

展示分享与评价

成果展示

（1）各小组派1名代表上台，结合教师提供的中国行政区划图，按照任务一中规定的描述模式，简要描述自己的家乡。

（2）各小组派1名代表上台，结合制作的PPT，对家乡的情况进行图文并茂的详细介绍。

（3）各小组派1名代表上台，结合制作的家乡旅游攻略，对如何在家乡开展旅游活动进行详细讲解。

互动评价

（1）成果展示完成后，任课教师逐一对各小组的实践成果和任务完成情况进行点评。

（2）对本项目的关键要素进行讲解，并组织各小组组长进行自评，自评完成后，师生共同填写活动评价表。

序号	评价内容	评价标准	自评	师评	得分（均值）	备注
1	劳动态度（20分）	积极参与（10分）				
		细节控制（10分）				
2	劳动安全（20分）	安全提示到位（10分）				
		安全细节到位（10分）				
3	劳动过程（30分）	配合默契（10分）				
		分工合理（10分）				
		讲究效率（10分）				
4	成果展示（30分）	完成家乡简介（10分）				
		完成制作PPT（10分）				
		家乡旅游攻略（10分）				

续表

序号	评价内容	评价标准	自评	师评	得分（均值）	备注
	评价等级	优：90～100分 良：80～89分 中：70～79分 合格：60～69分 不合格：59分以下				
	综合评定	优□ 良□ 中□ 合格□ 不合格□				

1＋H 资源：我国旅游业发展现状介绍

1＋H 资源：高效制作旅行攻略

项目三　抢险救灾我行动

　　学习抢险救灾知识，培养抢险救灾技能，增强主动参与抢险救灾的意识，掌握急救、救护、防灾等相关知识，能够有效应对突发事件，保障自身安全，并帮助他人脱离困境。参与抢险救灾过程，能够体现个人对生命的尊重和责任意识，提升个人价值，赢得社会认可。

教学目标

　　•知识目标：通过对抢险救灾知识的学习，了解应急救援行动的目标、原则，掌握一些常见灾害的自救知识。

　　•技能目标：通过参与抢险救灾相关活动，掌握应对常见突发灾害的技能和本领，具备查看应急疏散图、正确使用逃生装置和对伤员进行急救的基本能力。

　　•素养目标：通过参与实践活动，培养顽强拼搏、舍己为人、敢于奉献的精神品质；在学习相关知识的过程中，树立自救、自护观念，增强自救、自护的意识。

劳动实践

情境导入

案例1 2008年5月12日14时28分，以我国四川省阿坝藏族羌族自治州汶川县映秀镇为震中，发生了里氏8.0级大地震。地震发生时，位于震中区附近的四川安县桑枣中学，按照以往应急演练的经验，仅用时1分36秒，就有序疏散了2200多名师生，创造了学生教师无一伤亡的奇迹，桑枣中学因此被誉为"史上最牛中学"。

案例2 蓝天救援队是一个全国性的社会公益救援组织，成立于2007年，总部位于北京。蓝天救援队不接任何商业合作、不做广告、不做冠名，没有任何收费服务，致力于提供人道主义救援服务，其蓝天口号为：忠诚、正直、勇敢、谦卑。截至2024年，北京蓝天救援队拥有12支分队，覆盖全国31个省、市、自治区，拥有超过3万名注册救援队员。此外，蓝天救援队还积极参与国际救援，成立了多支国际队伍，如马来西亚、新加坡等地的蓝天救援队。

思考

问题1 结合案例1，你认为"5·12"地震中桑枣中学零伤亡的原因是什么？

问题2 结合案例2，请说一说蓝天救援队在抢险救灾和宣传防灾减灾教育知识方面发挥了哪些作用。

劳动准备

学习材料

利用智能搜索工具，整理日常生活中抢险救灾需要把握的基本原则以及应急救援人员的相关材料。

工具材料

（1）多媒体大屏幕：通过多媒体大屏幕进行安全视频演示，展示各小组学习成果。

1＋H 资源：
应急救援员

（2）湿毛巾：在组织开展模拟火灾消防疏散演习时，参与成员要用湿毛巾捂住口鼻，然后再按照疏散路线开展演习活动。

小组分工

以小组为单位开展"抢险救灾我行动"实践活动。教师按照4人一组的模式，将全班同学分为若干小组。各小组需要指定应急指挥员1人、安全疏散员2人、秩序监督员1人。分组完成后，可以由组内成员通过协商完成以上3种角色的分配任务，也可以通过任课教师指定的方式完成角色分配。

（1）应急指挥员：负责组织小组成员共同完成各项实践任务，在活动过程中调动小组成员的积极性，维持小组的课堂秩序，对于小组活动过程中出现的问题进行协调和解决，配合任课教师组织开展疏散演习活动。

（2）安全疏散员：负责组织小组成员完成制定紧急疏散路线任务，任务完成后，组织小组成员在组内进行交流，不断优化疏散路线方案，使本小组的疏散路线方案更加合理可行；在疏散演习活动中，负责配合任课教师对学生进行疏散。

（3）秩序监督员：负责组织小组成员完成可燃物和消防器材对照表的填写任务，组织小组成员在组内进行交流，不断优化和调整表格的填写，确保此项任务顺利完成；在疏散演习活动中，负责配合任课教师对学生人数进行清点，维持安全点集合队伍的现场秩序。

● **安全提示**

在演习开始之前，任课教师应向学生进行必要的安全教育，指导他们掌握正确的疏散方法；还要提前对疏散路线进行检查，确保疏散路线保持通畅，没有障碍物阻挡，例如，门窗应保持畅通，走廊和楼梯上不应有杂物。

▶ 劳动实施

任务一　认识安全标识和紧急疏散路线图

● **具体步骤**

步骤1　认识安全标识是进行逃生自救的关键。下面让我们认识一些常见的安全标识。

（1）紧急出口指示标识。紧急出口指示标识通常包括绿色或红色背景的图形标志（一般为奔跑的人形图案）和/或文字说明，如图 8-3-1 所示。

图 8-3-1　紧急出口指示标识

（2）疏散通道方向指示标识。疏散通道方向指示标识如图 8-3-2 所示。

图 8-3-2 疏散通道方向指示标识

（3）安全出口指示标识。安全出口指示标识如图 8-3-3 所示。

图 8-3-3 安全出口指示标识

（4）应急避难场所标识。应急避难场所标识如图 8-3-4 所示。

图 8-3-4 应急避难场所标识

（5）消防车道标识。消防车道标识如图 8-3-5 所示。

图 8-3-5　消防车道标识

步骤 2　认识疏散路线图。结合给出的图例，学会查看紧急疏散示意图的方法。

（1）安全疏散示意图就是在室内发生危险时，能够指引室内人员快速逃生的图示，如图 8-3-6 所示。

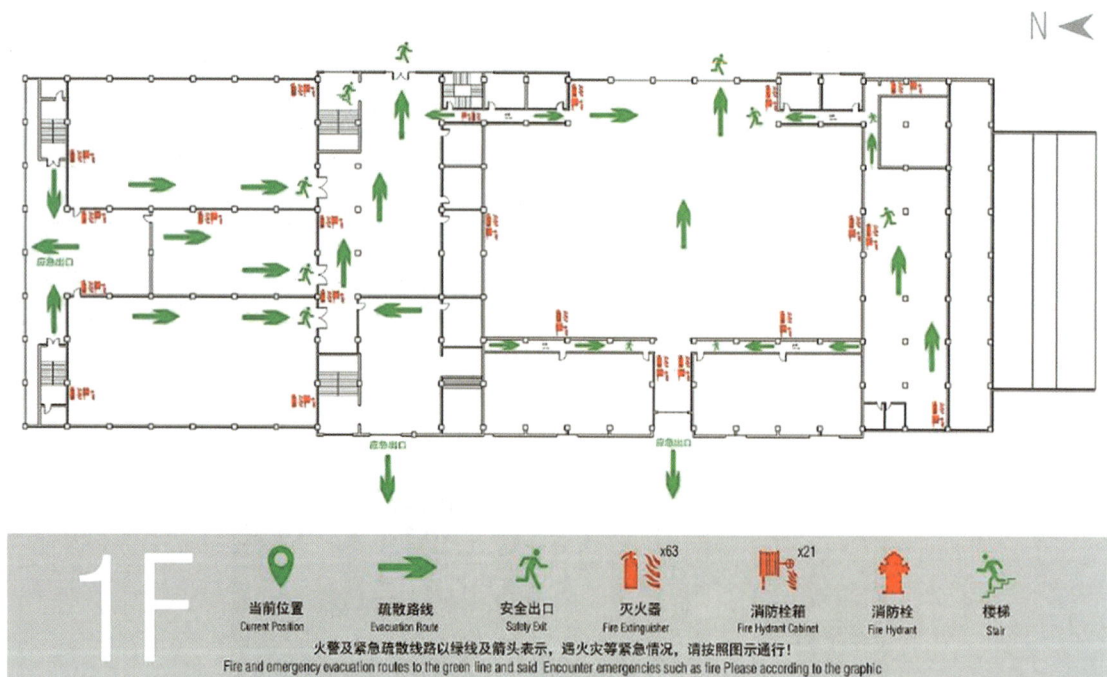

图 8-3-6　安全疏散示意图

（2）"四步法"查看安全疏散示意图。安全疏散示意图上内容很多，在突发的情况下需要用"四步法"快速查看，并做出判断。

第一步，识别最近出口，即查找安全疏散示意图上最近的安全出口。

第二步，判断路线，即确认通往安全出口的路径，注意检查是否有障碍。

第三步，定位安全集合点，即找到安全集合点的位置，以便紧急疏散后进行点名。

第四步，注意安全指示。留意疏散示意图中的安全提示和警示，在疏散时要留意现场的安全标识，在安全标识的指引下正确逃生，避免拥堵和可能导致意外伤害的情况发生。

任务二 认识并学习灭火器的使用方法

灭火器是常见的消防器材之一，一般存放于公众场所或可能发生火灾的地方。不同种类的灭火器内装填的成分不同，可以对应处理不同原因引发的火灾，使用时必须注意，以免产生反效果、引发新的危险。

● 具体步骤

步骤1 认识灭火器。以下是几种常见的灭火器。

（1）干粉灭火器（见图8-3-7）适用于普通固体可燃物火灾、可燃液体火灾、可燃气体火灾、电气设备火灾等，通过喷射干粉灭火剂来灭火。

图 8-3-7 干粉灭火器

（2）二氧化碳灭火器（见图8-3-8）是一种常见的灭火设备，主要用于扑灭电气火灾和液体火灾，通过喷射液态二氧化碳来灭火。

图 8-3-8 二氧化碳灭火器

（3）清水灭火器（见图8-3-9）是一种使用水作为灭火介质的灭火设备，主要用于扑灭固体物质火灾，通过喷射水来灭火。

图8-3-9　清水灭火器

步骤2　通过对灭火器的使用方法进行学习，熟悉各种灭火器的使用方法，了解使用灭火器的注意事项。

（1）灭火器的常见使用方法如图8-3-10所示（适用于大多数常见类型的手提式灭火器）。

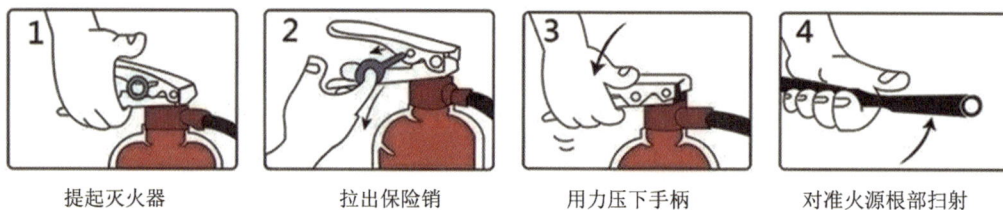

提起灭火器　　　　拉出保险销　　　　用力压下手柄　　　　对准火源根部扫射

图8-3-10　灭火器使用方法

第一步，提起灭火器。

第二步，拔掉铅封，拉出保险销。

第三步，根据风向，站在上风位。

第四步，保持安全距离（距离火源2～3米），左手扶喷管，右手用力压下手柄，喷嘴对准火源根部进行左右扫射。

（2）在使用灭火器时，应注意如下事项。

第一，在进行灭火作业时，灭火器的瓶体应始终保持与地面大致垂直的状态，以保证灭火剂能够正常喷出。

第二，在使用干粉灭火器时，应先将瓶体反复倒置进行摇晃，使干粉分散，便于均匀喷出。

第三，在使用二氧化碳灭火器时，需要佩戴手套，避免手部冻伤。同时，灭火完毕应保持通风，及时离开现场，避免出现窒息。

第四，经常检查灭火器压力阀，指针应指在绿色区域，红色区域代表压力不足，黄色区域代表压力过高。

步骤3 通过查找相关知识，为表8-3-1中的可燃物找到合适的灭火器，并填入表中。

表 8-3-1 可燃物与灭火器对照表

序号	火灾类型	可燃物	灭火器
1	A类火灾	木材、布料、纸张、橡胶、塑料等固体	
2	B类火灾	汽油、煤油、柴油、酒精等液体、可燃油类	
3	C类火灾	煤气、天然气、甲烷等可燃气体	
4	D类火灾	钾、钠、镁等活泼金属	
5	E类火灾	带电设备如发电机、变压器等	

任务三 模拟火灾安全疏散演习

通过组织开展模拟火灾安全疏散演习，掌握安全疏散相关知识，增强安全意识，提高应对紧急情况的能力。

● 具体步骤

步骤1 任课教师对模拟火灾安全疏散演习进行详细讲解，包括安全注意事项、紧急疏散路线、集合地点等。对全体同学进行纪律教育，强调练习时的组织纪律性。

步骤2 结合各小组实际情况，进行人员分工。每小组包括2名应急指挥员、4名安全疏散员、2名秩序监督员。以上8名同学可以从各小组中抽调组成。

步骤3 讲解火灾安全疏散相关知识。

（1）发现火灾时，应尽快判断火势情况，包括着火位置、火情大小和火势蔓延方向。进入陌生环境，要先熟悉周围的疏散通道、安全出口和楼梯位置。

（2）逃生疏散时，要用湿毛巾捂住口鼻，弯腰低姿前行，靠墙迅速移动，并根据安全疏散指示标识，有序撤离。

（3）发生火灾时，不要乘坐电梯，因为电梯随时会停电或发生故障，容易形成"烟囱"效应，一旦被困，难以逃生。

（4）在开门逃生前，若门已发烫，不能开门，为避免大火窜入室内，此时要用浸湿的被褥、衣物堵塞大门缝隙，并泼水降温；若门不烫手，用脚顶住门后再打开，并从门缝处观察是否可向外逃生。

（5）平时要多熟悉疏散路线，积极参加疏散演练，掌握灭火器、消火栓等消防设施的使用方法。

步骤4 按照以上安排，组织开展一次模拟火灾安全疏散演习。

展示分享与评价

成果展示

（1）由各小组派 1 名代表上台，讲解安全疏散路线图的查看方法，讲解具体点位的疏散路线。

（2）由各小组派 1 名代表上台，对本小组填写的可燃物与灭火器对照表进行展示和讲解，详细讲解可燃物与灭火器的对应关系，并说明原因。

（3）各小组共同配合开展模拟火灾安全疏散演习，在演习的过程中，对各小组本次项目的学习成果进行综合展示。

互动评价

（1）成果展示完成后，任课教师逐一对各小组的实践成果和任务完成情况进行点评。

（2）对本项目的关键要素进行讲解，并组织各小组组长进行自评，自评完成后，师生共同填写活动评价表。

序号	评价内容	评价标准	自评	师评	得分（均值）	备注
1	劳动态度（20分）	积极参与（10分）				
		细节控制（10分）				
2	劳动安全（20分）	安全提示到位（10分）				
		安全细节到位（10分）				
3	劳动过程（30分）	配合默契（10分）				
		分工合理（10分）				
		讲究效率（10分）				
4	成果展示（30分）	制作疏散路线（10分）				
		填写对照表（10分）				
		完成疏散演习（10分）				
	评价等级	优：90～100分　良：80～89分　中：70～79分　合格：60～69分 不合格：59分以下				
	综合评定	优□　良□　中□　合格□　不合格□				

拓展资源

1＋H 资源：
火灾事故应急处置程序

1＋H 资源：
掌握疏散技巧共建平安校园

1＋H 资源：
抢险救灾相关知识介绍

引领未来职业篇

YINLING WEILAI ZHIYE PIAN

第九单元

新职业 新未来

主题一 未来产业新赛道

习近平总书记指出，"科技创新能够催生新产业、新模式、新动能，是发展新质生产力的核心要素"，"必须加强科技创新特别是原创性、颠覆性科技创新，加快实现高水平科技自立自强，打好关键核心技术攻坚战，使原创性、颠覆性科技创新成果竞相涌现，培育发展新质生产力的新动能"。

未来产业的发展依赖于关键前沿技术的突破，要加强关键共性技术、前沿引领技术、现代工程技术、颠覆性技术的创新，加强新领域新赛道制度供给，建立未来产业投入增长机制，完善新一代信息技术、人工智能、航空航天、新能源、新材料、高端装备、生物医药、量子科技等战略性产业发展政策和治理体系，开辟量子、生命科学等未来产业新赛道，深入理解未来产业的特性，促进未来产业创新发展，加快形成新质生产力。

案例导入

案例1　当中国铁路每天运送着近千万人次旅客涌入春运大潮时，以"复兴号"为代表的中国高铁也凭借超乎想象的速度引发了世人的惊叹，其在一次又一次的突破中展现出新时代大国崛起的成熟与自信。"中国速度"正在刷新世界对中国高铁的认知。

2017年，"一带一路"沿线国家在华留学生评选出的中国"新四大发明"中，高铁被排在首位。许多外国友人把乘坐中国高铁快速、便捷的美好体验拍成各种小视频放在知名网

111

站 YouTube 上，引来各种艳羡和震惊。

从 20 世纪七八十年代时速 100 千米的"绿皮车"，到 21 世纪初时速约 200 千米的"红皮空调车"，再到如今时速高达 400 千米的"和谐号""复兴号"高铁动车组……中国铁路在"加速度"中跨入新时代。

新时代新征程。在中国广袤的大地上，高铁新线不断延伸。习近平总书记一次次深情"点赞"："高铁是我国装备制造的一张亮丽的名片""复兴号高速列车迈出从追赶到领跑的关键一步""高铁技术树起国际标杆"。

乘着"复兴号"看中国，处处感受到生机活力："来一场说走就走的旅行！"京沪高铁，全长 1318 千米，从北京到上海最快 4 小时 18 分可到达；贵南高铁，串起"多彩贵州"与"秀美广西"，从贵州出发，半日即可游小七孔、嗦螺蛳粉……

时间的征途，正迈向民族复兴。"奋力拼搏，勇于攀登，再创自主创新的新佳绩。"一列列"复兴号"保持着澎湃的创新动力，重构时空距离，将辽阔的神州大地以前所未有的方式连接起来，描绘了一幅壮美的现代化新画卷。

案例 2　2024 年 7 月 18 日党的二十届三中全会通过《中共中央关于进一步全面深化改革推进中国式现代化的决定》，其提出完善推动包括航空航天在内的一系列战略性产业发展政策和治理体系。党中央的决策部署，引领新时代新征程我国航天事业继续逐梦苍穹。

以嫦娥六号为例，嫦娥六号完成了人类历史上首次月球背面采样，突破了多项关键技术，是我国建设航天强国、科技强国所取得的又一标志性成果，是我国探月工程的重要里程碑。20 年来，探月工程聚焦关键核心技术领域持续攻关，在科学发现、技术创新、工程实践、成果转化、国际合作等方面取得了丰硕的成果，走出了一条高质量、高效益的月球探测之路，为我国航天事业发展、人类探索宇宙空间作出了重大贡献。实施探月工程是党中央把握我国经济科技发展大势作出的重大战略决策。作为我国航天史上迄今技术水平最高的月球探测任务，嫦娥六号在人类历史上首次实现月球背面采样返回，为未来我国开展月球和行星探测奠定了坚实基础。

探索浩瀚宇宙，建设航天强国，是我们不懈追求的航天梦。新中国成立以来，在中国共产党的领导下，我国一代代航天人坚持自力更生、自主创新，推动航天事业从无到有、从弱到强、从"蓝图绘梦"到"奋斗圆梦"，实现历史性、高质量、跨越式发展，航天强国建设迈出坚实步伐。

问题思考

问题 1　创新是一个民族进步的灵魂，是国家文明发展的不竭动力。一个没有创新力的民族难以屹立于世界民族之林。请讲述你所了解的创新科技是什么？

问题 2　你知道中国第一条铁路是哪里吗？

问题 3　执行神舟十九号载人飞行任务的航天员分别是谁？

小组探究

通过小组分工查找资料、主题演讲等形式，引导学生挖掘未来产业赛道中的"宝藏"，让学生在研究梳理中，了解未来产业赛道的理念，读懂国家最新政策，把握个体的发展方向。

1. 分小组探讨以下问题

（1）国家未来产业会有哪些？它们具有哪些共同特征？

（2）这些未来产业对于我们的职业发展有哪些启发？

2. 按以下步骤进行探究

步骤1　通过小组分工查找相关资料的形式，让学生了解未来产业的基本内涵和特征，并结合所学专业知识，明确其特征，积极把握个人未来发展的主动权。

步骤2　以"新产业新赛道"为题开展小组讨论，以演讲、知识竞赛、辩论等多种形式拓宽学生的知识视野，让学生勇于探索。

步骤3　教师对活动内容进行总结，帮助学生了解未来产业的相关内容，提高学生的综合素质。

探究结论

一、未来产业新赛道的内涵和特征

未来产业是指由前沿技术驱动，具有显著战略性、引领性、颠覆性和不确定性的前瞻性新兴产业。这些产业当前虽处于孕育萌发阶段或产业化初期，但具有巨大的市场潜力和广阔的发展前景。新赛道通常具备跨界属性、爆发式增长潜力和远大的市场前景，是未来经济发展的重要方向。

未来产业新赛道包括但不限于以下几个领域。

（1）未来制造：如人形机器人、智能工厂等。

（2）未来信息：如量子信息技术、第三代互联网等。

（3）未来材料：如石墨烯薄膜、3D打印材料等。

（4）未来能源：如绿色氢能、新能源等。

（5）未来空间：如深空海地开发、商业航天及卫星网络等。

（6）未来健康：如生命科学、医疗康复等。

（7）未来智能：如人工智能、脑机接口等。

未来产业新赛道具有以下特点。

（1）技术密集与创新驱动：未来产业新赛道以人工智能、新能源、高端装备制造、量子科技等为代表，具有高度的技术密集性和创新驱动性等特点。这些产业的发展依赖于前沿技术的突破和应用，如人工智能技术的范式跃进将对劳动效率带来质的提升。

（2）绿色可持续发展：未来产业注重绿色化和可持续性，强调在生产过程中减少资源消耗和环境污染。例如，智能化技术改造传统劳动资料和劳动对象，推动生产工具的绿色化改进和清洁能源的广泛应用。

（3）产业融合与虚拟集聚：新质生产力推动产业布局的虚拟化和集聚化，打破传统地理限制，形成基于数据和信息交换的网络虚拟集聚模式。例如，工业云平台的建设使得不同行业的企业在虚拟空间中集聚，实现资源共享和协同发展。

二、新产业新赛道中劳动的作用与变化

1. 劳动者素质要求提高

未来产业需要拥有高新技术的战略型和应用型人才，包括前沿科学家、战略研究员、高端技能人才等。高素质劳动者将成为未来产业创新发展的重要支撑，其知识和技能水平直接影响产业的竞争力。

2. 劳动形式多样化

随着技术的发展，劳动形式更加多样化。一方面，体力劳动逐渐被智能化设备替代；另一方面，脑力劳动在劳动中所占的比重增加，且更多地与数字技术相结合。例如，人工智能大模型的产业化催生了 AI 训练师、数据标注员等新的职业。

3. 劳动组织扁平化

新质生产力在推动产业组织向更加扁平化的方向发展，减少了中间层级，提高了决策效率和响应速度。劳动者在组织中的角色更加灵活，能够更直接地参与创新和决策过程。

三、创新对于未来产业新赛道的意义与作用

1. 创新是未来产业新赛道的核心驱动力

未来产业是以前沿技术为支撑、代表未来科技和产业发展新方向的产业，而创新是其发展的核心动力。通过创新，人们可以在前沿领域开辟新赛道，打造新优势，推动实现从"0"到"1"的技术突破，再到"N"的产业化应用。例如，颠覆性技术的出现往往能带动相关产业的蓬勃发展，形成新的产业模式和业态。

2. 创新助力传统产业转型升级

创新不仅能推动新兴产业的发展，还能为传统产业注入新的活力。通过数字技术赋能，

传统产业可以实现高端化、智能化、绿色化转型，从而孕育新产品、新品牌和新业态。这种"老树吐新芽"的模式是未来产业创新的重要组成部分，有助于实现整个产业体系竞争力的提升。

3. 创新推动产业链与创新链深度融合

未来产业的发展需要围绕产业链布局创新链，通过创新推动关键核心技术的突破和应用。例如，通过组建创新联合体、企业共同体、知识产权联盟等，探索"科学家＋企业家"的协同攻关机制，加速科技成果的转化和产业化。这种模式不仅可以提升产业的创新能力，还可以为未来产业的可持续发展提供有力支撑。

4. 创新促进产业生态的多元化和协同化

创新能够激发各类市场主体的活力，形成多元化的产业生态。一方面，国有企业可以在国家战略领域承担重大创新使命，发挥"顶天立地"的作用；另一方面，民营企业可以凭借其灵活性和创新活力，成为未来产业发展的生力军。通过"国企顶天立地"与"民企铺天盖地"的协同，促使未来产业形成更具竞争力的产业生态。

5. 创新是未来产业发展的政策导向

政府在推动未来产业发展的过程中发挥着重要的作用，政府通过政策支持和创新治理，为创新提供良好的环境。例如，通过构建全链条科技金融生态，可支持未来产业在不同发展阶段的融资需求；同时，建立容错试错机制，鼓励企业家和科研人员大胆探索，营造容忍失败的创新文化。

6. 创新对未来产业的时空布局具有战略意义

未来产业的布局需要根据技术成熟度和市场发育度进行动态调整。近期可以围绕商品化生产与市场推广加快培育未来产业，中期可以围绕技术熟化与产品转化谋划产业集群，远期则可以聚焦科技探索和技术源头供给，抢占未来产业竞争的战略制高点。

拓展资源

1＋H 资源：
中国航天全记录

主题二　新职业与新未来

随着科技进步和产业结构升级，劳动形态和就业市场正在发生深刻的变化。新兴产业如人工智能、数字经济、绿色经济等快速发展，催生了大量新职业，如人工智能训练师、碳排放管理员、储能电站运维管理员等。这些新职业不仅为劳动者提供了新的就业机会，也推动了劳动市场的多元化和灵活化。同时，劳动发展也面临一些新的挑战，如技能不匹配、就业结构调整等。为了适应未来产业的需求，劳动者需要不断提升技能水平，以应对技术变革带来的就业压力。

案例导入

案例 1　在当今社会，家政行业正逐渐走进我们的视野，并在经济和生活中扮演越来越重要的角色。那么，我们应如何看待家政行业的发展呢？

据相关统计，近年来家政服务市场规模以每年两位数的增长率扩大，预计在未来几年还将持续增长。这无疑表明了家政行业的巨大潜力。

家政行业作为现代生活的重要组成部分，近年来发展迅速，为广大家庭提供了便捷、专业的服务。目前来看，家政行业市场需求旺盛，尤其是在大城市，随着工作节奏的加快和人口老龄化趋势的加剧，越来越多的家庭需要家政服务来满足日常生活的需求。同时，家政服务的种类也日益丰富，从传统的保洁、月嫂、保姆等服务，到新兴的育儿嫂、家庭管家等高端服务，满足了不同家庭的不同需求。

未来，家政行业的发展趋势将更加专业化、规范化和智能化。专业化体现在家政服务人员将接受更加系统的培训和教育，提高自身的专业素养和服务质量；规范化则体现在家政行业将建立更加完善的管理制度和监管机制，保障消费者的权益和安全；智能化则体现在家政服务将借助先进的技术手段，如智能家居、大数据等，提供更加便捷、高效的服务。

案例 2　自1999年我国首部职业分类大典颁布以来，越来越多的职业获得"身份证"，拥有了属于自己的职业定义和发展标准。同时，伴随着我国经济发展和产业调整，一些职业也逐渐淡出了历史舞台。2024年"入典"的多种职业类型让人眼前一亮。如滑雪巡救员、会展搭建师等职业，与人们生活中的新场景、新业态息息相关。

问题思考

问题1 阅读以上案例后，谈谈你对未来职业的规划。
问题2 你所理解的家政服务行业是什么样的？
问题3 坚定走技能成才、技能报国之路，我们能做什么？

小组探究

通过小组分工查找资料、主题演讲等形式，引导学生在中国式现代化建设中认识和承担新时代职业教育的新使命。

1. 分小组探讨以下问题

（1）职业教育的重要性有哪些？
（2）如何找到适合自己的新职业？

2. 按以下步骤进行探究

步骤1 小组分工查找相关资料，了解职业教育的政策及背景，结合所学专业知识，明确就业方向，知道要抓住职业教育的发展机遇，实现人生价值。

步骤2 以"新职业新希望"为题开展小组讨论，以演讲、知识竞赛、辩论等多种形式拓宽学生的知识视野，让学生勇于探索。

步骤3 教师在课堂上模拟部分新职业的实际情景，丰富学生的学习方式和实践体验，让学生不断学习新知识、新技能，积累实践经验，提高综合素质，为自身的职业发展打下坚实的基础。

步骤4 教师在学生探讨的基础上，对活动内容进行总结。

探究结论

一、新职业发展对职业教育的驱动作用

1. 反映产业变革需求

新职业的涌现是技术迭代（如数字化、AI）与需求升级的必然结果，人工智能训练师、

用户增长运营师等职业填补了传统行业的人才缺口。这倒逼职业教育改革专业设置、课程体系，要求其与社会需求和企业生产实际紧密衔接。

2. 推动教育内容专业化

新职业要求职业教育开发以职业技能为核心的职业规范，包括职业标准、培训大纲等。例如，职业院校通过"产业学院"模式加强与新职业单位的互动，在专业设置上做到"学科跟着产业走"。

3. 促进终身学习体系构建

新职业教育聚焦在职人群的终身学习需求，要推行终身职业技能培训制度，整合在线教育资源（如移动学习平台），增强劳动者适应科技变化的持续学习能力。

二、职业教育对新职业发展的支撑机制

1. 政策与法律保障

2022年修订的《职业教育法》明确了职业教育与普通教育的同等地位，强化产教融合、校企合作的法律支持。同时，中央及地方通过职业培训补贴、财政支持等政策推动新职业人才服务市场发展。

2. 产教融合与校企合作

职业学校需要与企业联合开发培训机制，例如，由龙头企业牵头建立市场化教育机构，实现新职业标准实时更新与人才供需精准对接。

3. 职业技能认证体系完善

国家职业资格、职业技能等级证书等项目强化了职业技能评价的科学性，但我们还需要加快新职业准入规则建设，明确职业技能认定标准来规范行业发展。

三、新职业发展对中职学生职业发展的影响

数字人微课：
中职生在新职业
背景下的职业生涯规划

1. 职业机会增加

新职业的兴起为中职学生提供了更加多元化的就业选择。随着新产业、新业态的快速发展，中职学生可以凭借所学的专业技能，进入人工智能、智能制造、新能源等领域，获得更多的就业机会。

2. 技能要求提升

新职业对技能的要求更加注重实践性和数字化能力。新修（制）订的职业教育专业教学标准要求中职、高职专科实践性教学学时原则上不少于总学时的50％，职业本科实践性教学学时原则上不少于总学时的60％。这意味着中职学生需要在学习过程中更加注重实践操作能力的培养，同时掌握与数字化、智能化相关的技能，以适应新职业的需求。

3. 职业发展路径更加清晰

新职业教育标准通过一体化设计，明确了中职、高职专科和职业本科三个层次的专业教学标准，为学生提供了清晰的职业能力进阶路径。中职学生可以通过继续深造，逐步提升自己的技能水平和学历层次，最终成为高技能人才。

4. 凸显职业素养和综合素质的重要性

新职业不仅要求中职学生具备专业技能，还强调职业素养和综合素质的培养。例如，创新能力、适应能力、沟通能力等成为新职业的重要要求。中职学校需要通过课程改革和实践活动来帮助学生提升这些综合素质。

5. 职业教育体系更加完善

近年来，职业教育体系不断完善，为中职学生的职业发展提供了更好的支持。例如，山西省启动的五年制高职教育试点，通过中职与高职的衔接贯通，缩短了学生从学习到就业的时间，同时加大了对学生专业技能的培养深度，也为中职学生提供了更广阔的发展空间。

6. 校企合作与实践机会增加

新职业的发展促使中职学校加强与企业的合作，为学生提供更多的实习和实践机会。通过校企合作，学生可以在真实的工作环境中锻炼自己，提升职业能力。这种模式不仅提高了学生的就业竞争力，还帮助他们更好地适应未来职场的需求。

7. 职业规划意识的重要性

面对新职业的发展，中职学生需要树立明确的职业规划意识。学校应通过职业规划课程、职业测评工具、实习实践等方式，帮助学生了解自身兴趣和能力，明确职业目标。同时，学生需要关注行业动态，及时调整自身职业规划，以适应新职业的变化。

拓展资源

1＋H 资源：
我们的冰雪梦：教滑雪的摔跤教练

1＋H 资源：
家政服务业步入万亿级市场

第十单元

新职业 新素养

主题一 劳动拓展新职业

党的二十大科学把握就业形势新变化，顺应人民群众新期待，着眼扎实推进高质量发展和全体人民共同富裕，作出了促进高质量充分就业的重大部署。广开进贤之路，广纳天下英才，是保证党和人民事业发展的根本之举。在新征途中，完善和发展中国特色社会主义制度，推进国家治理体系和治理能力现代化，实现中华民族伟大复兴的中国梦，决定了我们比历史上任何时期都更加需要人才、渴求人才、呼唤人才。

人才蕴藏在各个领域、各个阶层，在经济体制和社会结构发生深刻变化的条件下，我们需要为各类人才提供脱颖而出的上升通道和施展才华的广阔天地，把各方面优秀人才聚集到党和国家事业中来。正所谓"工欲善其事，必先利其器"，拓宽视野、提升技能是实现职业目标的关键。作为学生，要不断提升自己的专业技能、综合素质和实践能力，以适应职业发展的需求。

案例导入

案例1 2024年"双十一"购物狂欢节结束后，各大电商平台纷纷晒出令人瞩目的销售成绩单。这场"消费盛宴"为物流行业带来了前所未有的机遇与挑战。作为连接商家与消费者的重要纽带，物流企业在"双十一"期间不仅需要处理海量订单，还必须应对因需求激增而带来的"用工荒"难题。

每年"双十一"都是对物流企业的一次大考验。从仓储到配送，每一个环节都需要大量的人力支持。然而，随着电子商务的迅猛发展，传统的用工模式已难以满足物流高峰期的需求。特别是在一些二、三线城市及农村地区，由于平时物流业务量较小，很难在短时间内招聘到足够的临时工。这不仅影响了货物的及时配送，也可能导致消费者体验下降，进而影响电商平台和商家的品牌形象。

物流管理的作用至关重要。物流管理不善可能对生产造成严重干扰，物流和生产其实是一家。以机械制造行业为例，大型零部件的运输往往需要特殊的物流安排。如果物流环节出现问题，比如运输工具不合适、运输路线不合理或运输时间过长，都可能导致零部件无法按时到达生产现场，进而造成生产延误。生产延误不仅会增加生产成本，还可能影响产品的交付时间，导致企业在市场竞争中处于不利地位。

物流管理的目标就是将生产出来的产品高效、准确地送到客户手中。物流管理是一个复杂又重要的领域。通过优化物流流程，控制物流成本以及提升物流服务质量等，可以提高物流管理的效率和质量，为企业在激烈的市场竞争中赢得优势。

案例2 市场多样化需求促使宠物托管师、收纳整理师、陪诊师、产后恢复师等一系列新职业快速兴起，并逐渐扩展出上门代厨、绿植护理等新形态。一大批就业者瞄准专业化新兴市场需求，在新兴职业中实现与客户的"双向奔赴"。

企业验真员的工作对招聘平台、入驻企业、求职者三方都有积极意义，其在核实企业信息真实性的基础上，为企业在招聘平台上提供更加精准的服务，使其发布的招聘信息更具吸引力和竞争力。除了细节观察和经验之谈，干验真这活儿，还得"能吃苦"。一天走3万步或者驱车上百公里是验真员的工作常态。需求紧急或客户地点比较远时，验真员经常跨区作业，一天跑几个区。细心有经验、脚勤体力好，是做验真员的基准线，毕竟每一次验真，都承载着求职者的托付。验真员不仅要实地勘察、抽丝剥茧、懂沟通技巧、会软磨硬泡，而且明察之外还得暗访，以保证求职者有更安全、可信、高效的网络求职环境。

问题思考

问题1 通过阅读以上案例，你受到了哪些启发？

问题2 随着社会老龄化加剧、生育率持续下降，未来老年人将会激增，由此催生了养老的相关职业工种。国家要求养老护理服务人员必须通过专业培训、持证上岗，并鼓励享受长期护理保险待遇人员的亲属、邻居等提供护理服务。养老护理已经成为新的热门职业，社会需求量越来越大，你会从事养老服务行业吗？

问题3 你向往的职业是什么？

小组探究

通过小组分工查找相关资料、主题演讲等形式，让学生更加了解新时代新职业的发展趋势以及对学生职业能力的新要求。结合专业学习，不断提升自身综合素养，以保持竞争力、适应社会发展。

1. 分小组探讨以下问题

（1）不同的劳动催生了哪些不同的职业？

（2）各种各样的新兴职业背后，汇聚着许许多多不为人知的酸甜苦辣。与众不同的从业者在从事新职业的过程中，做到了热爱与现实的完美契合，但也受到了一些质疑。请列举一两个，并说明你的看法。

2. 按以下步骤进行探究

步骤 1 小组分工查找相关资料，查找不同职业的相关内容，以及相关新兴职业案例。

步骤 2 以"新职业要求新素养"为题开展小组讨论，以演讲、知识竞赛、辩论等多种形式拓宽学生的知识视野，激发学生的思维。

步骤 3 教师在课堂上模拟部分新职业的实际情景，丰富学生的学习方式和实践体验。

步骤 4 教师在学生探讨的基础上，对活动内容进行总结。

探究结论

一、新职业对职业能力的新要求

新职业的发展对从业者的职业能力提出了更高的要求，要求从业者具备数字化技能、实践能力、创新能力、绿色技能以及终身学习能力。

数字人微课：
新职业对职业
能力的新要求

1. 技术技能的数字化与智能化

随着新产业、新业态、新模式的兴起，职业能力要求更加注重数字化与智能化技能。例如，2025 年教育部印发的 758 项新修（制）订的职业教育专业教学标准强调推动专业升级和数字化改造，结合人工智能等技术实现课程教学数字化转型。这意味着从业者需要掌握与数字技术、人工智能、大数据等相关的技能，以适应智能化工作环境。

2. 实践能力与行动能力

新职业更加注重实践能力和行动能力的培养。此外，职业本科专业不再要求学生撰写毕业论文，而是将工艺改进、产品设计、技术创新等作为毕业设计的重要内容，这体现了对学生动手能力和实际操作能力的高度重视。

3. 职业综合素质与创新能力

新职业不仅要求从业者具备专业技能，还要求其具备综合素质与创新能力。新的职业教育专业教学标准通过模块化、项目式课程体系，培养从业者的综合职业能力。同时，从业者需要具备快速学习和适应新技术的能力，以应对快速变化的市场需求。

4. 绿色技能与可持续发展能力

随着可持续发展理念的普及，新职业对绿色技能的需求增加。例如，智慧农业、智能物流、节能减排等领域对从业者提出了新的技能要求。从业者需要掌握与环保、可再生能源、低碳技术相关的知识和技能，以适应绿色转型的需要。

5. 终身学习与职业发展能力

新职业的快速变化要求从业者具备终身学习能力。从业者需要不断更新知识和技能，以适应新技术、新岗位的要求。职业教育体系也在不断完善，为从业者提供持续学习的机会，支持其职业发展。

二、中职学生在新职业背景下的职业规划路径

1. 全面自我分析，明确定位

（1）评估个人特质：通过自我提问（如"我是谁""我想做什么"）或测评工具，分析自己的兴趣、性格、优劣势，清晰明确自我定位。例如，可借助职业兴趣测评工具（如霍兰德职业兴趣测试）辅助判断自己适合的职业方向。

（2）挖掘潜力与价值观：承认不足的同时，发现自身优势（如稳定性、创造性）选择职业路径。例如，技术型学生可优先考虑技能深耕，社交型学生可侧重沟通类岗位。

2. 结合市场需求，设定职业目标

（1）行业趋势：关注国家经济政策、区域产业特色及新兴职业需求（如人工智能、绿色能源等），选择适配度高的领域。例如，若所在地区大力发展智能制造，可优先学习相关技术。

（2）分阶段制定目标：将长期目标拆解为可操作的短期目标。例如，近期目标为"考取××职业资格证书"，中期目标为"进入××企业实习"，远期目标为"成为××行业技术骨干"。

3. 提升核心技能与职业素养

（1）强化技术能力：利用学校资源（如实训课程、校企合作项目）扎实掌握专业技能，确保学透一门技术。例如，汽修专业学生可通过实践项目熟悉新能源车维修技术。

（2）培养综合素养：提升沟通、团队协作和问题解决能力，参与社团活动或竞赛以增强竞争力；同时，注重职业道德培养，学习优秀毕业生案例，培养敬业精神。

4. 制定行动方案并积极实践

（1）规划学习路径：根据目标设计课程学习计划，如一年级侧重基础理论，二年级增加相关实践，三年级通过实习积累经验。

（2）参与实践活动：通过参观企业、实习或模拟就业环境（如学校组织的职业体验日）了解真实职场，验证职业选择。例如，电商专业学生可尝试运营校园电商项目。

5. 动态调整与资源整合

（1）定期评估与修正：每学期或每年回顾规划进展，根据行业变化（如出现的新技术）或自身兴趣变化调整目标。例如，若发现原定岗位需求减少，可转向相关新兴领域。

（2）拓展人脉与资源：主动联系行业精英、校友，参加职业讲座或专业社群，获取就业信息与指导。例如，通过相关互联网平台构建职业网络。

6. 利用学校与外部支持

（1）善于利用学校资源：参与职业规划课程、心理辅导和竞赛活动，利用图书馆的职业规划书籍深化认知。

（2）家庭与导师支持：与家人沟通职业选择，争取家人理解；向教师或职业顾问咨询个性化建议。

主题二　劳动养成新素养

青年是整个社会中最积极、最有生气的力量，国家的希望在青年，民族的未来在青年。今天，新时代中国青年处在中华民族发展的最好时期，面临着难得的建功立业的人生际遇，担负着"天将降大任于斯人"的时代使命。新时代中国青年要继续发扬五四精神，以实现中华民族伟大复兴为己任，不辜负党的期望、人民期待、民族重托，不辜负我们这个伟大时代。

案例导入

案例1 张桂梅同志爱岗敬业、爱生如子，为了不让一名女孩因贫困失学，坚持家访 11 年，遍访贫困家庭 1300 多户，行程达十余万千米。她长期拖着病体工作，超量的付出透支了原本赢弱的身体，换来女子高中学生学习的好成绩。她不遗余力践行着"只要我还有一口气，就要站在讲台上"的诺言，用实际行动铺就贫困学子用知识改变命运的圆梦之路。多年来她一直住在学生宿舍，和学生吃住在一起，陪伴学生学习生活。她在教书育人岗位上为贫困地区教育事业作出了重要贡献，在她身上充分体现了人民教师潜心育人的敬业精神和立德树人的使命担当。张桂梅用教育之光阻断贫困代际传递，照亮了无数人的心。

案例2 山东省港口集团有限公司高级别专家张连钢带领团队展开科研攻关，打破技术封锁，建成拥有自主知识产权的全自动化码头、全球首个 5G 智慧码头。自 2013 年以来，"连钢创新团队"先后攻克十余项世界性行业技术课题，受理授权专利 170 余项，为全球自动化码头建设贡献了"中国方案"。张连钢获评"感动中国 2023 年度人物"，《感动中国》2023 年度人物盛典颁奖辞对他做出这样的评价："这一块好钢，用到了刀刃上。把买不来的做出来，还要做到最快、最强、最智能，天降大任于己，何惜筋骨体肤，唯心志所向，百折不回。中国式现代化之路，就是这样走出来的！"

问题思考

问题1 通过学习以上案例，你在提升职业素养方面受到了哪些启发？

问题2 上述材料反映了怎样的劳动观？我们应如何对待劳动？

问题3 劳动者的职业素养对个人、用人单位、国家发展有什么影响？

小组探究

通过小组分工查找相关资料、主题演讲等形式，让学生了解职业素养的概念、核心、所包含的内容等，明白在社会劳动中需要遵守的行为规范。

1. 分小组探讨以下问题

（1）在劳动中我们要树立怎样的价值观和职业观？

（2）我们要形成怎样的职业素养？

2. 按以下步骤进行探究

步骤 1 小组分工查找具有高度职业素养劳动模范的相关案例，学习其精神品质。

步骤 2 以"职业素养我探寻"为主题开展小组讨论，以演讲、知识竞赛、辩论等多种形式拓宽学生的知识视野，拓宽学生的思维。

步骤 3 通过自我反思和与他人交流，并结合所学专业知识，制订提升自身职业素养的职业规划。

步骤 4 教师在学生探讨的基础上，对活动内容进行总结。

探究结论

中职生作为未来职业劳动者的生力军，在学习和成长过程中要以优秀劳动者为榜样，提升综合职业素养，不仅有助于个人的职业发展，也能为社会贡献重要力量。

1. 树立正确的价值观和职业观

中职生应学习优秀劳动者的精神品质。首先要学习优秀劳动者的敬业精神。优秀劳动者往往具有高度的责任感和敬业精神。中职生应学习他们对工作的热爱和专注，无论从事何种职业，都要认真对待每一个任务。其次要学习优秀劳动者的工匠精神。追求卓越、精益求精是工匠精神的核心。中职生应树立"干一行、爱一行、精一行"的理念，努力提高专业技能，追求高质量的工作目标。最后要学习优秀劳动者的创新精神。在快速发展的时代，创新是推动职业发展的关键因素。中职生应学习优秀劳动者勇于创新的精神，积极思考在工作中如何改进和优化流程。

中职生还要明确自身的职业目标，结合自身兴趣和专业特长，明确未来的职业方向，制定清晰的职业规划，为实现目标而努力学习。

2. 提升专业技能和知识水平

中职教育虽然注重实践操作，但理论知识同样重要。中职生应系统学习专业课程，理解专业知识的内涵和应用，为实践操作提供理论支持；同时，积极参与学校的实验、实训课程，通过实际操作提升技能水平。例如，机械加工专业的学生可以通过操作车床、铣床等设备，熟练掌握加工工艺。

除了专业知识外，中职生还应关注行业动态和新技术发展。例如，电气专业的学生可以关注新能源技术、智能家居等领域的发展，拓宽知识面。中职生要利用课余时间阅读专业书籍、参加线上课程，不断增加自己的知识储备。

3. 培养良好的综合素质

（1）提升沟通能力：良好的沟通能力是职业成功的重要因素。中职生应学会与同事、客户、上级有效沟通，能够清晰有序地表达自己，也能认真倾听他人意见。中职生可以通过参加社团活动、演讲比赛等方式锻炼自己的沟通能力。

（2）增强团队协作能力：现代职业往往需要团队合作完成任务，中职生应积极参与小组作业、团队竞赛等活动，培养团队意识和协作精神，学会在团队中发挥自己的优势，与他人协作完成项目。

（3）培养问题解决能力：人们在工作中难免会遇到各种问题，中职生应学习优秀劳动者面对问题时的冷静和智慧，学会分析问题并提出解决方案；平时可以通过模拟工作场景、案例分析等方式，锻炼问题解决能力。

4. 积极参与社会实践和实习

（1）实习锻炼：中职生应充分利用实习机会，将所学知识和技能应用到实际工作中，了解行业的真实需求和工作流程。在实习中，中职生要虚心向企业师傅学习，积累工作经验，提升职业素养。

（2）社会实践：中职生应积极参加社会实践活动，如志愿服务、社区服务等，这不仅能提升自身的社会责任感，还能锻炼自己的综合能力；通过社会实践了解社会需求，将职业发展与社会贡献相结合。

5. 以优秀劳动者为榜样，为社会做贡献

（1）学习榜样：中职生应关注行业内的优秀劳动者，了解他们的先进事迹，学习他们的成功经验。例如，学习大国工匠如何通过精湛技艺为国家重大工程贡献力量，从榜样身上汲取力量，激励自己不断努力。

（2）职业发展与社会需求相结合：中职生应关注社会热点问题和行业需求，选择与社会发展紧密相关的专业方向。例如，新能源汽车维修专业的学生可以为推动绿色出行贡献自己的力量。中职生在工作中要积极发挥自己的专业优势，为社会创造价值。

（3）积极参与行业创新和社会服务：中职生在工作中应勇于创新，敢于提出新的想法和解决方案，推动行业进步；还要积极参与公益活动，如为社区提供免费的技能培训、帮助弱势群体等，以实际行动回馈社会。

拓展资源

1＋H 资源：
你想怎样度过一生

附　录
FULU

多彩劳动周

开展劳动周活动有助于培养学生的劳动实践能力，它是培育学生劳动素养的主要途径，是发挥劳动教育综合育人价值的重要载体。在劳动周中亲身参与各种劳动，能够锻炼学生的动手能力和解决实际问题的能力。劳动周打破了传统课堂教学的局限性，让学生在真实的劳动场景中体验劳动带来的乐趣。

劳动实施（以公益劳动周为例）

任务一　进行公益劳动岗位需求调研

具体步骤

步骤1　结合学校公益劳动需求实际情况，安排公益劳动服务活动。公益劳动服务活动由学校劳动教育管理部门统筹安排，指导用人部门填写公益劳动岗位审批表，岗位审批通过后，由各班级负责组织报名和具体实施。

步骤2　学校要统筹协调各职能部门，设立公益劳动岗位，让学生完成一定时长的公益劳动教育任务，并授权学校劳动教育

1＋H 资源：
劳动周的策划和组织

管理部门向各职能部门下发公益劳动周需求统计表（见表1），统计公益劳动岗位需求，以便开展后续相关活动。

表1　20××—20××学年第×学期学生公益劳动周需求统计表

部门名称	人数	岗位工作内容概况	部门名称	人数	岗位工作内容概况

续表

部门名称	人数	岗位工作内容概况	部门名称	人数	岗位工作内容概况

1. 请各部门结合工作实际情况，上报公益劳动周每周所需人数。

2. 本统计表每学期开学初统计 1 次，如无特殊情况，本学期将会按照此统计表进行人员分配，如有特殊情况，请提前与劳动教育管理部门沟通协调。

步骤 3　学校劳动教育管理部门将各职能部门上报的公益劳动岗位需求进行汇总分析，结合全校公益劳动岗位需求情况，安排全校各班级开展轮值公益劳动周活动。

任务二　制定公益劳动周总体安排

● 具体步骤

步骤 1　公益劳动周由学校劳动教育管理部门负责统筹安排，各班级负责具体实施，各用人部门与班主任共同做好参加公益劳动周学生的管理工作。要指定公益劳动周指导教师，指导教师一般由班主任担任，负责轮值班级的日常管理、评价鉴定工作。

步骤 2　制定公益劳动周总体安排表，如表 2 所示。公益劳动周正式开始前，学校劳动教育管理部门要制定公益劳动周安排表，提前将一学期的公益劳动安排情况通知到各班级，并根据各班级上报的男生和女生比例情况，合理分配公益劳动周岗位和公益劳动任务。

表 2　公益劳动周总体安排表

周次	系部	上午				下午			
		班级	男生	女生	班主任	班级	男生	女生	班主任

步骤 3　公益劳动周指导教师与各用人部门进行公益劳动周的协调和沟通。每周五前，学校劳动教育管理部门向轮值班级下发学生公益劳动周人员分配表（见表 3），每周一升旗仪式结束后，各用人部门负责教师与公益劳动周指导教师见面对接，由公益劳动周指导教师结合班级学生特点分配公益劳动周学生。

表 3　20××—20××学年第×学期_____班学生公益劳动周人员分配表（第×周）

部门名称	人数	岗位工作内容概况	部门名称	人数	岗位工作内容概况

续表

部门名称	人数	岗位工作内容概况	部门名称	人数	岗位工作内容概况

备注：1. 每周一升旗仪式结束后，指导教师组织好参加公益劳动周的班级，与各部门进行对接。

2. 每日值周开始前、结束后，指导教师要组织好值周班级进行点评和纪律要求。

3. 每周完成公益劳动周任务后，请指导教师及时对参加公益劳动周的学生进行考核评价。

任务三　组织开展公益劳动周活动

● 具体步骤

步骤1　全校各班级根据公益劳动周安排表的相关安排，由指导教师组织学生参加公益劳动。每日参加公益劳动的时间与上课时间相同，周五下午不安排公益劳动。如各用人部门有特殊安排，要提前与公益劳动周指导教师联系协调。考试周不安排学生公益劳动。

步骤2　公益劳动周指导教师要做好参加公益劳动周学生的教育和管理工作，在每天上午、下午开始到各部门开展公益劳动前，组织学生进行安全、纪律教育并如实记录出勤情况。每天公益劳动结束后，组织学生集合，了解学生当日公益劳动开展情况，进行思想教育。

步骤3　各用人部门负责教师要对学生进行安全、纪律教育，用人部门要合理安排学生的公益劳动内容，开展必要的岗前培训和安全教育。在公益劳动周结束后，要结合学生的实际表现，对参加本部门公益劳动的学生做出评价，填写如表4所示的学生公益劳动周考核表。

表 4　学生公益劳动周考核表

学生姓名：_____　　　性别：_____　　　政治面貌：_____　　　所在系部：_____

20____年—20____年第____学期　　　　　　　　所在班级：_____　　　指导教师：_____

实践部门		实践岗位		实践日期	月　日—　月　日	教学周次	周

考勤	时间/日期	周一	周二	周三	周四	周五	周六	周日
	上午							
	下午							

注：出勤：√ ；　迟到：// ；　早退：\ ；　事假：//_ ；　病假：/△ ；　公假：○ ；　旷课：×

部门评价	评语 等级：A 优良□；B 合格□；C 不合格□ 部门负责人： 　　　　　　　　　　年　月　日	综合评定	优良□；合格□；不合格□ 指导教师 　　　　　　　　　　年　月　日

任务四　组织开展春耕希望节（备选任务）

● 具体步骤

在每年春季学期开学后，利用一周时间组织学生开展"春耕希望节"劳动周活动。可以组织学生在学校内外开展植树、播种、浇水养护、耕地松土等活动，也可以结合学校实际情况和当地特色开展其他活动。

任务五　组织开展秋收感恩季（备选任务）

● 具体步骤

在每年秋季学期开学后，利用一周时间组织学生开展"秋收感恩季"劳动周活动。可以组织学生在学校内外开展采摘水果、收割稻子、搓玉米等活动，也可以结合学校实际情况和当地特色开展其他活动。

展示分享与评价

▶ 成果展示

在每日公益劳动活动完成后，指导教师组织全体学生进行劳动经验和心得体会分享。

▶ 互动评价

（1）结合学生在公益劳动活动中的表现和各职能部门的用人反馈，指导教师对学生当日的劳动表现进行点评并提出希望和要求。

（2）对本项目的关键要素进行讲解，并组织各小组组长进行自评，自评完成后，师生共同填写活动评价表。

序号	评价内容	评价标准	自评	师评	得分（均值）	备注
1	劳动态度（20分）	积极参与（10分）				
		遵守纪律（10分）				
2	劳动安全（20分）	安全提示到位（10分）				
		安全细节到位（10分）				

续表

序号	评价内容	评价标准	自评	师评	得分（均值）	备注
3	劳动过程 （30 分）	配合默契（10 分）				
		分工合理（10 分）				
		讲究效率（10 分）				
4	成果展示 （30 分）	每日经验分享（10 分）				
		指导教师评价（10 分）				
		部门考核评价（10 分）				
	评价等级	优：90～100 分　良：80～89 分　中：70～79 分　合格：60～69 分 不合格：59 分以下				
	综合评定	优□　良□　中□　合格□　不合格□				

拓展资源

1＋H 资源：
"微心愿·大希望" 爱心公益活动

1＋H 资源：
"中国梦·劳动美" 校园多彩劳动周

版权声明

　　为了方便学校课堂教学，促进知识的传播，便于读者学习优秀作品（无任何商业用途），本教材编写过程中部分数字资源使用了抖音、科普时报、央视网、人民日报海外版、哔哩哔哩、小红书等网站的相关资料，这些资料涉及视频、文档等。为了尊重这些资料所有者的权利，特此声明，凡本教材中涉及的著作权等权益，均属于原作品著作权人等。

　　在此，本书创作团队衷心感谢所有原作品的相关版权权益人及所属公司对中职劳动教育的大力支持，向版权所有者表示诚挚的谢意！由于客观原因，我们无法联系到您。如您能与我们取得联系，我们将在第一时间更正任何错误或疏漏。

劳动教育"1＋H"资源包中高本一体化解决方案新形态教材
多媒体数字资源征集函

尊敬的老师/专家：

您好！为全面贯彻党的二十届三中全会精神，深入学习习近平总书记关于职业教育、劳动教育的重要指示，落实中共中央、国务院发布的《关于全面加强新时代大中小学劳动教育的意见》及全国教育大会精神，华中科技大学出版社在当代教育名家、知名职业教育专家、劳动教育专家、前沿科技行业专家的引领下，联合一线劳动教育教师团队组织编写"劳动教育'1＋H'资源包中高本一体化解决方案新形态教材"（即"1"本纸质教材，配合开发"H"套多媒体劳动教育资源）。

为解决因地制宜实施劳动教育问题，以典型特色原创案例为基础，围绕教材认知劳动世界篇（以劳动精神、工匠精神、劳模精神为核心）、体验劳动实践篇（"生活劳动＋"实践、"生产劳动＋"实践、"服务性劳动＋"实践）、引领未来职业篇（新职业、新未来、新素养），现面向全国职业院校开设劳动教育课程团队征集本校优质案例数字资源。

一、参与主体

接受与学校或院系为单位的劳动教育课程团队集体申报或者劳动教育专家、劳动教育课程负责人、劳动教育骨干教师个人申报。

二、征集要求

（1）精选本单位劳动教育课程团队或者个人开发的教学使用的典型特色原创案例资源，确保自有版权、著作权或取得授权。

（2）案例资源可以为 PPT、视频、音频、文本（Word、PDF）、图片、虚拟仿真、动画、AR/VR 等多种形式，内容要与主教材相关，可以与某一单元对应，也可以某一主题或项目对应，还可以是主教材内容之外的与劳动教育课程相关的优质数字资源。

三、评选与采用

编委会组织专家对各校各单位提交的数字资源进行评选，凡入选的数字资源：

（1）出版社均提供入选证明文件；

（2）提交单位均享有署名权；

（3）提供数字资源的劳动教育专家、劳动教育课程负责人、劳动教育骨干教师个人及单位负责人可进入数字资源编写委员会，并酌情列入配套电子教参的编者，同时以独立署名方式将资源上传至正在开发的"劳动筑梦：中高本一体化智慧劳动教育资源平台"。

（4）出版社可为提供内容丰富、体系完整、特色鲜明的劳动教育课程团队单独策划并出版数字教材。

四、联系我们

1. 如有申报意向，或者有其他问题可咨询出版社工作人员。

2. 联系人及联系方式：

宋　焱，15827068411，87675409@qq.com

冯佳麐，13657282190，3687374041@qq.com

劳动教育多媒体
数字资源征集要求

请扫描二维码
填写申报意愿

3. 扫码关注封底华中出版人文分社公众号、华中出版教材服务公众号、华中出版图书自营商城小程序了解更多！